ADAC TourBooks

Die schönsten Motorrad-Touren

Deutsche Alpen

Vom Königssee zum Bodensee

15 ausgewählte Traumrouten

INHALTSVERZEICHNIS

Einsame Spitze

Die Alpen stehen klar auf Platz 1 der Beliebtheitsskala der deutschen Motorradfahrer. Nirgendwo sonst kann man so leidenschaftlich am Gasquirl drehen wie in der wundervollen Landschaft Oberbayerns und des Allgäus. Und wo gibt es knackigere Motorradstrecken und mehr Bikertreffpunkte als in den deutschen Alpen? Himmelhohe Pässe sucht man hier freilich vergebens. Aber kernige

Kurven gibt es dafür am laufenden Band und die Namen der legendären Kultpisten wie Kesselberg, Sudelfeld und Tatzelwurm lassen allen Pistenprofis das Wasser im Mund zusammenlaufen.

Über den Tellerrand

Dass die Grenzen zum Nachbarland Österreich durchlässig, ja kaum noch spürbar sind, erweitert den Aktionsradius und somit den Fahrspaß. Auch die Abstecher hinüber in die Schweiz sind unkomplizierter geworden und eine echte Bereicherung. Unverzeihlich wäre es daher, wenn wir in diesem ADAC TourBook nicht ab und an über den Tellerrand zu den spannenden Revieren unserer Nachbarn blicken würden.

Laptop und Lederkluft

Wir beginnen unsere Entdeckungsreise durch die deutschen Alpen im weltberühmten Wallfahrtsort Altötting. Wer die prächtigen bayerischen Kirchen, allen voran die Wieskirche bei Steingaden, in all ihrer Herrlichkeit gesehen hat, weiß, dass der Herrgott katholisch – und ein Bayer sein muss. Neben Gottesfürchtigkeit, Bodenständigkeit und Traditionsbewusstsein prägen aber auch Weltoffenheit und Moderne das Gesicht des Freistaats Bayern, der klar im Fokus dieses Motorradführers steht. »Laptop und Lederhosen« lautet die einst von Ministerpräsident Edmund Stoiber ausgegebene Parole, die sich bis heute im Selbstverständnis und im Lebensgefühl der Bayern widerspiegelt. »Endlich in Bayern«, mag hingegen mancher Biker aus Norddeutschland denken, wenn er in flotten Schwüngen über die grüne Grenze das Allgäu erreicht. Er vergisst dabei natürlich, dass der größte Teil des Allgäus zum Bundesland Baden-Württemberg gehört. Der Unterschied zwischen den Regionen macht sich auch im Dialekt bemerkbar, denn die Allgäuer Mundart ist schwäbisch-alemannisch geprägt. Staats- oder Landesgrenzen können das Allgäu nicht eindeutig umreißen, was Kurvenjäger wie Cruiser kaum stören wird, denn wunderbare Strecken gibt es hier zur Genüge und viele reizvolle Exkurse, entweder in Richtung Norden oder auch zu den anspruchsvolleren Pässen Österreichs, bieten sich an.

Straßen ins Glück

Unsere Routen verlaufen teilweise über die schönsten Abschnitte der Deutschen Alpenstraße, der 450 km langen Ferienstraße, die von Berchtesgaden bis zum Bodensee führt. Dabei nehmen wir die attraktivsten Landstriche des Nordsaums der Alpen unter die Räder.

Im Roadbook stehen das Berchtesgadener Land (Route 1) mit der Roßfeld-Panoramastraße, die traumhaften Chiemgauer Berge (Route 2), die oberbayerische Seenplatte (Route 3, 4, 6) mit dem berühmten Kloster Andechs im Zentrum, das Werdenfelser Land rund um Garmisch-Partenkirchen (Route 8), nicht zu vergessen das Tölzer Land und der Pfaffenwinkel (Route 5 und 7). Bei den Schlössern des Bayernkönigs Ludwig II. sollte man einen Boxenstopp einlegen, auch wenn der Andrang im Sommer groß ist. Über Riedberg- und Hochtannbergpass (Route 10) geht es

schließlich ins schöne Allgäu (Route 9, 11 und 13), nach Oberschwaben (Route 12) und rund um den tiefblauen Bodensee (Route 14 und 15).

Neben der Spur

Wen der Hunger oder Durst packt, muss in Oberbayern, im Allgäu und im Schwabenland nicht lange suchen. Überall am Wegesrand warten urige Gasthäuser, einladende, schattige Biergärten und feine Verwöhnlokale. Mit herzhaften Mahlzeiten oder kleinen Schmankerln kann man sich hier für die nächste Kurvenorgie stärken. Die besten Restaurant-Adressen stellen wir Ihnen in diesem TourBook vor, ebenso wie bikerfreundliche Unterkünfte. Ein ideales Dach über dem Kopf bieten insbesondere die vom ADAC für Motorradfahrer getesteten und zertifizierten Hotels. Auf jeden Fall können Sie sich in den deutschen Alpen immer zu Hause fühlen.

Stellplätze & Schrauberecken

Hotels und Gaststätten, die ihr Angebot an den Bedürfnissen von Motorradfahrern ausrichten, gibt es einige. Nicht immer werden die Häuser den Anforderungen anspruchsvoller Biker gerecht, weil einheitliche Qualitätskriterien fehlen. Zuverlässige Orientierung bietet die 2009 von ADAC Nord- und Südbayern zusammen mit dem Bayerischen Hotel- und Gaststättenverband DEHOGA Bayern e. V. gestartete Zertifizierungsinitiative »Motorradfreundlicher Hotel- und Gastronomiebetrieb in Bayern«.

Die empfohlenen Betriebe verfügen u. a. zwingend über sichere Motorradstellplätze, Trockenmöglichkeiten für regennasse Kleidung, Wartungsmöglichkeiten mit vorhandenem Schmier- und Pflegematerial und Werkzeug für kleinere Reparaturen. Zudem bieten sie kostenlose Tourenvorschläge ins Umland an, geben Ausflugstipps und halten Straßenkarten sowie nützliche Adressen rund ums Motorradfahren in der Region bereit. Das ADAC-Gütesiegel ist drei Jahre gültig. Zu fast allen Routen in diesem TourBook stellen wir Ihnen vom ADAC zertifizierte Hotels vor. Sie erkennen sie ebenfalls am Gütesiegel, das als Piktogramm im Roadbook und auf den Karten platziert ist.

Vom ADAC geprüfte und für gut befundene Motorrad-Hotels tragen dieses Siegel.

Mit einem Klick zu allen Infos

Alle Betriebe sind auch, nach Regionen geordnet, im Internet zu finden. Mit einem Klick werden Sie auf die Homepages der einzelnen Hotels weitergeleitet, können sich ein Bild von den Häusern machen und sich im Detail informieren. Die Website zur ADAC-Zertifizierungsinitiative finden Sie unter:

www.adac.de/motorradland-bayern

1 Lockruf der Alpen

Von Altötting ins Berchtesgadener Land

ROUTE 1 — Berchtesgadener Land – Lockruf der Alpen

Ⓐ Ausgangsort
Altötting (D-84503)

Ⓔ Zielort
B. Reichenhall (D-83435)

143 km ★★★★★ ★★★

Straßentypen (in Prozent der Streckenlänge)

50 | 50

■ Landstraße/asphaltierte Nebenstraße
■ Bundesstraße/Schnellstraße

Diese Tour können Sie mit Route 2 kombinieren.

Berchtesgadener Land Tourismus
Bahnhofplatz 4
D-83471 Berchtesgaden
Tel. 086 52/65 65 00
marketing@berchtesgadener-land.com
www.berchtesgadener-land.com

(➔ *weitere Adressen siehe Seite 186*)

Vom Wallfahrtsort Altötting führt diese Tour durch eine prachtvolle altbayerische Landschaft zu den fantastischen Berchtesgadener Alpen. Bezaubernde Städte und Dörfer, Zeugnisse der Geschichte und der überwältigende Nationalpark Berchtesgaden liegen auf dem Weg. Fahrtechnisch wird dem Biker nicht zu viel abverlangt, sodass sich die Route als Alpeneinstieg empfiehlt. Wer mehr will, macht einen Abstecher zur Roßfeldstraße.

Route 1
DEUTSCHLAND
ÖSTERREICH
Oberösterreich
Bayern
Salzburg
SALZBURG
Altötting
Kastl
Gendorf
Burgkirchen
Pirach
Burghausen
Tittmoning
Leitgeringer See
Taching am See
Waging am See
Tachinger See
Waginger See
Fridolfing
Schönram
Traunstein
Siegsdorf
Inzell
Weißbach
Zwiesel 1782
Schneizlreuth
Deutsche Alpenstraße
Hintersee
Hinter-see
Ramsau
Bischofs-wiesen
Strub
Königs-see
Schönau
Berchtesgaden
Obersalz-berg
Oberau
Top Tipp
Roßfeld Panoramastraße
Hallein
Salzburger Hochthron 1852
Bad Reichenhall
Piding
Freilassing
Obertrum
Obertrumer See
Mattsee
Mattighofen
Salzach
Inn
Alz
Traun
Route
5 km
N
DEUTSCHLAND
BW
BY
Ulm
Augsburg
München
Rosenheim
Salzburg
Konstanz
Lindau
Kempten
Garmisch-Partenkirchen
Kufstein
Berchtesgaden
Oberstdorf
Innsbruck
SCHWEIZ
ÖSTERREICH

Tour-Stationen auf einen Blick

Tourlänge: 143 km

Nr.	Ort	PLZ	GPS-Koordinaten
A	Altötting	D-84503	N 48 13.406 E 12 40.842
02	Burgkirchen-Gendorf	D-84508	N 48 10.414 E 12 43.589
03	Pirach	D-84508	N 48 09.049 E 12 45.516
04	Leitgeringer See	D-84529	N 48 04.359 E 12 44.749
05	Waging	D-84529	N 47 56.096 E 12 44.672
06	Freilassing	D-83395	N 47 50.284 E 12 59.252
07	Bad Reichenhall	D-83435	N 47 43.364 E 12 52.174
08	Bischofswiesen	D-83483	N 47 37.258 E 12 58.711
09	Schönau	D-83471	N 47 35.589 E 12 59.212
10	Engedey	D-83471	N 47 36.859 E 12 57.138
11	Ramsau	D-83486	N 47 36.331 E 12 54.537
12	Hintersee	D-83486	N 47 36.132 E 12 50.818
13	Brunnhaus	D-83486	N 47 38.158 E 12 51.416
14	Gabelung nach Inzell	-	N 47 42.306 E 12 48.471
E	Bad Reichenhall	D-83435	N 47 43.317 E 12 52.382

Die Tabelle enthält die wichtigsten Stationen der Route – ggf. wurden Orte weggelassen oder zur exakteren Navigation ergänzt; Referenzsystem der GPS-Koordinaten: WGS84

1
8 km
–
St2107

Von Altötting-Zentrum auf der Burghauser Straße ostwärts 1 km bis zur St2107. Hier rechts auffahren und 7 km über Kastl Richtung Burgkirchen fahren.

Strecke: *Entspanntes Touren vorbei an Feldern und Wiesen.*

Info: Seit Jahr und Tag lockt eine kleine, aus dem 14. Jahrhundert stammende, rußgeschwärzte Marienstatue die Pilger nach Altötting. Im Jahr 1489 soll hier ein ertrunkener Junge durch die Hilfe der Muttergottes wieder lebendig geworden sein. Fortan setzte ein regelrechter Wallfahrtstourismus ein, und noch heute zählt die Altöttinger Gnadenkapelle zu den meistbesuchten Wallfahrtsstätten Deutschlands. Zahlreiche Votivgaben wurden von Heilsuchenden im Laufe der Zeit hierher getragen, ausgestellt sind sie im Altöttinger Wallfahrts- und Heimatmuseum und dokumentieren dort gemeinsam mit Gemälden und anderen Exponaten die Geschichte des Wallfahrtsortes.

Wallfahrts- und Heimatmuseum Altötting, Kapellplatz 4b, 84503 Altötting, Tel. 086 71/506 20, April–Okt. Di–So 10–12 und 13–16 Uhr.

Restaurant- und Hotel-Tipp: Das Gasthaus Zu den Zwölf Aposteln zählt zu den ältesten in Altötting. Die Zimmer sind modern, aber behaglich eingerichtet. Das Restaurant serviert bayerische Küche.

Hotel Zwölf Aposteln, Kapuzinerstraße 3, 84503 Altötting, Tel. 086 71/969 60, www.hotel-zwoelf-apostel.de €€

Altötting: Wallfahrtsort und hübsche Barockstadt.

Tipp: Jerusalem Panorama

Info: Das 1903 entstandene, eindrucksvolle Altöttinger Panorama zeigt die Leidensgeschichte Jesu als riesiges Öl-Rundumgemälde. Es ist 12 m hoch und hat einen Umfang von 95 m.

Panorama Altötting, Gebhard-Fugel-Weg 10, 84503 Altötting, Tel. 086 71/69 34, www.panorama-altoetting.de, März–Okt. Mo–So 9–17 Uhr, Nov.–Febr. Sa+So 11–14 Uhr.

2
4 km
St2107

In Burgkirchen-Gendorf rechts abbiegen, auf der St2107 bleiben, die Alz überqueren und 4 km durch Burgkirchen bis zum Abzweig bei Pirach fahren.

Info: In der frühbajuwarischen Siedlung Burgkirchen an der Alz hat sich besonders in den Ortsteilen Höresham und Pirach entspanntes dörfliches Flair erhalten. Einen sehr schönen Blick über das Alztal genießt man von der Hangkante der Oberen Terrasse in Burgkirchen.

Restaurant- und Hotel-Tipp: Das 500 Jahre alte Hotel Post in Burghausen ist fast ein Museum. Die großzügigen Zimmer sind komfortabel, das Essen typisch bayerisch. Parkplätze gibt es in der Tiefgarage.
Hotel Post Burghausen, Stadtplatz 39, 84489 Burghausen, Tel. 086 77/96 50, www.hotelpost.de €€€

3
10 km
St2107
B20

Hier rechts Richtung Tittmoning abbiegen und 10 km auf der St2107 – später auf der B20 – bis zum Abzweig der St2105 am Leitgeringer See.

Strecke: *Schnelles Verbindungsstück über die Bundesstraße.*

Info: Lust auf einen Sprung ins erfrischende Nass? Der kleine Leitgeringer See bei Tittmoning liegt idyllisch, eingerahmt von Schilf und Laubwäldern. Die Wassertemperatur ist im Sommer angenehm warm.

Tipp: Burg Burghausen

Info: Wie ein mächtiger Schiffsbug erstreckt sich Deutschlands längste Burganlage über der Altstadt von Burghausen. Rund einen Kilometer Länge misst die riesige Festung, und wer bis zum Kerngebäude vordringen möchte, muss sechs Vorhöfe passieren.
Burg Burghausen, 84489 Burghausen; Tel. 086 77/88 71 40, www.burghausen.de, Führungen Ostern–Okt. Sa, So, Fei 11, 14 Uhr.

4
17 km
St2105

Auf freier Strecke rechts auf die St2105 abbiegen und 17 km über Taching bis nach Waging.

Strecke: *Cruisen durch einen landschaftlich reizvollen Abschnitt mit sanften Hügelwellen am Tachinger und Waginger See vorbei.*

Info: Tachinger und Waginger See sind lediglich durch einen schmalen Endmoränenkamm voneinander getrennt. Auch hier bietet sich eine Badepause an – sogar im Frühjahr, denn seine Moorhaltigkeit und die geringe Tiefe bescheren den Seen bei Sonnenschein schnell wohlige Temperaturen. Waging selbst ist ein gemütlicher Ort mit Barockkirche, Mariensäule und urigen Wirtshäusern, ein Boxenstopp lohnt sich.

Restaurant- und Hotel-Tipp: Mit eigenem Badestrand und Segelboot punktet das Hotel Eichenhof in Waging. Auch ein Tennis- und Golfplatz liegen ganz in der Nähe. Die Küche bietet regionale Spezialitäten.
Hotel Eichenhof, Angerpoint 1, 83329 Waging, Tel. 086 81/40 30,
www.hotel-eichenhof.de €€

5
23 km
St2104

In Waging links auf die St2104 und 23 km über Schönram bis Freilassing – durch die Stadt.

Strecke: *Sanft geschwungene Landstraße durch das Alpenvorland.*

6
18 km
B20

Am Ortsende von Freilassing kurz vor der Grenze links auf die Auffahrt zur B20, dann rechts auf die Bundesstraße abbiegen und 18 km über Piding bis nach Bad Reichenhall – um die Stadt herumfahren bis zum Abzweig der B20 nach Berchtesgaden.

Strecke: *Belebte Bundesstraße durch das Tal der Salzach.*

7
19 km
B20

Rechts abfahren, dann gleich wieder rechts auf die B20 und der Bundesstraße 19 km um Berchtesgaden herum bis hinter Bischofswiesen folgen.

Strecke: *Die Etappe bietet ein paar schöne Kurven!*

Info: Am Fuße des Watzmann (2713 m) ruht Berchtesgaden, das auf eine bewegte Geschichte zurückblickt. Schon in den 1920er-Jahren verbrachte Adolf Hitler hier seinen Urlaub, später wurde der berüchtigte Berghof am Obersalzberg zweiter Regierungssitz des Diktators. Besuchen sollte man auch das Berchtesgadener Salzbergwerk. In Bergmannstracht geht es mit der Schmalspurbahn und auf hölzernen Rutschen rasant hinab in eindrucksvolle, unterirdische Salzwelten.

Salzbergwerk, Bergwerkstraße 83, 83471 Berchtesgaden, Tel. 086 52/60 02 20, www.salzzeitreise.de, Mai–Okt. Mo–So 9–17 Uhr, Nov.–Apr. Mo–So 11.30–15 Uhr.

A Roßfeld-Panoramastraße

TOP TIPP

Strecke: *Von Berchtesgaden schraubt sich zunächst die Obersalzbergstraße mit 24 Prozent Steigung in die Höhe. Auf dem geschichtsträchtigen Obersalzberg zweigt dann die 16 km lange Roßfeld-Panoramastraße ab, die mit einer Maximalsteigung von 13 Prozent beim Hennenköpfl (1543 m) ihren Scheitelpunkt hat. Über Oberau geht es in engen Kurven wieder talwärts.*

Info: Die Roßfeldstraße ist die höchste öffentlich befahrbare Trasse Deutschlands. Die Panoramastraße wurde 1956 fertiggestellt. Die Mautgebühr kann wegen der Lage und der grandiosen Ausblicke auf der Scheitelstrecke als Eintrittsgeld angesehen werden. Die Bergstrecke bildet den historischen Abschluss der Deutschen Alpenstraße (www.rossfeldpanoramastrasse.de).

8
6 km
B305
B20

In Bischofswiesen-Strub links auf die B305. Nach 2 km im Kreisel am Bahnhof Berchtesgaden die 3. Ausfahrt (B20) nehmen und 4 km bis Schönau.

Strecke: *Eher unspektakuläre Zufahrt zum Königssee. Um an den See, der im Nationalpark Berchtesgaden liegt, zu gelangen, muss man das Motorrad auf dem kostenpflichtigen Parkplatz in Schönau abstellen.*

Info: Der fjordartige, wildromantische Königssee entstand durch Abschmelzen eines mächtigen Gletschers am Ende der Eiszeit in einem 8 km langen und rund 200 m tiefen Trogtal. Eine knapp zweistündige Bootsfahrt bietet die beeindruckendste und schnellste Möglichkeit, den See zu erkunden. Per Boot erreicht man auch am besten die hübsche, barocke Wallfahrtskapelle St. Bartholomä am Westufer mit ihrem kleeblattförmigen Grundriss. Wer den Königssee zu Fuß entdecken möchte, kann auch den leichten, 20-minütigen Wanderweg von der Schiffsanlegestelle zum Aussichtspunkt Malerwinkel laufen. Den schönsten Blick auf die steinerne Majestät Watzmann und den See genießt man freilich von hoch oben. Da der Aufstieg in Motorradkluft recht beschwerlich ist, empfiehlt sich die bequeme Fahrt mit der Jennerbahn von Schönau zur Jenner-Bergstation auf 1800 Meter (www.seenschiffahrt.de, www.jennerbahn.de).

Barockes Kleinod: St. Bartholomä im Königssee.

Bilderbuchlandschaft: die Berchtesgadener Alpen.

9
5 km
–

In Schönau vor dem großen Parkplatz rechts abbiegen, nach gut 1 km links in die Waldhauserstraße und 4 km bis zur Einmündung auf die B305.

Strecke: *Stop-and-go durch Orte und Wohngebiete.*

ADAC Motorrad-Hotel: Voll und ganz auf Motorradfahrer eingestellt ist das Hotel Hanauerlehen in Schönau am Königssee. Das Haus bietet nicht zuletzt einen unverbauten Panoramablick auf die umliegende Bergwelt. Entspannen kann man im Hallenbad, in der Sauna und natürlich in den angenehmen Gästezimmern. Wer nicht übernachten will, kann auch nur einen Boxenstopp im Café einlegen. Auf der Terrasse werden selbst gebackener Kuchen und Brotzeiten serviert.

Hotel Hanauerlehen, Hanauer Weg 6, 83471 Schönau, Tel. 086 52/39 70,
www.hanauerlehen.de €

10
4 km
B305

Jetzt links auf die B305 und der Bundesstraße 4 km bis zum Abzweig nach Ramsau folgen.

Info: Kurz vor dem Abzweig nach Ramsau liegt an der B305 ein Parkplatz, von dem man zu Fuß die brodelnde Wimbachklamm erreicht. Auf einem Steg kann sie sicher durchwandert werden – ein beeindruckendes Erlebnis, bei dem man die Urgewalt der Natur hautnah spürt.

Auf engstem Raum zwängen sich die reißenden Fluten durch die Wimbachklamm.

11
6 km
St2099

Am Ortseingang von Ramsau links auf die St2099, durch den Ort und 6 km bis zum Hintersee fahren.

Info: Der Luftkurort Ramsau und seine Pfarrkirche St. Sebastian (1512) sind fast zu schön, um wahr zu sein. Im Einklang mit der Natur ruht das Kircherl über der rauschenden Ramsauer Ache und unter der Reiteralpe – ein bei Fotografen wie Filmemachern beliebtes Motiv. Allerdings hat sich die schmale Dorfstraße zur Kirche längst in eine pulsierende Ader des Fremdenverkehrs verwandelt (www.ramsau.de).

Wo der Wildbach rauscht: malerisches Ramsau.

12
6 km
–

Vor dem Weiler Hintersee rechts abbiegen, nach 3 km links auf die Alte Reichenhaller Straße und 3 km bis zur B305 bei Brunnhaus fahren.

Strecke: *Auf schmaler Straße geht es um den malerischen, türkisblauen Hintersee herum und wieder zurück zur Bundesstraße.*

Info: Am Parkplatz im Weiler Hintersee kann man den Seitenständer ausklappen und ein paar Schritte in das für den motorisierten Verkehr gesperrte Klausbachtal wagen. Hier nisten Steinadler und Rotwild lässt sich bei der Fütterung im Wildgatter beobachten.

Tipp: Wirtshaus Wachterl

Info: Regionale Küche in uriger Atmosphäre: Wer dem Ramsauer Idyll noch ein letztes i-Tüpfelchen aufsetzen möchte, sollte unbedingt in diesem seit 1861 bestehenden Traditionswirtshaus einkehren. Das servierte Fleisch stammt aus hauseigener Schlachtung.

Wirtshaus Wachterl, Alpenstraße 159, 83486 Ramsau, Tel. 086 57/285, www.wirtshaus-wachterl.de, Mi Ruhetag.

13
10 km
B305

Links auf die B305 auffahren und der Bundesstraße 10 km über Schneizlreuth bis zur Gabelung Reichenhall/Inzell folgen.

Strecke: *Auf der Deutschen Alpenstraße durch das waldreiche Schwarzbachtal hinab ins Saalachtal.*

ADAC Motorrad-Hotel: Im Alpengasthof Weißbach bei Schneizlreuth sind Motorradfahrer besonders gerne gesehen. Die Zimmer bieten Panorama-Bergblick, für die warmen Sommertage ist das Restaurant mit einer Sonnenterrasse gewappnet. Neben bayerischen Schmankerln serviert man extra für Motorradfahrer einen »Biker-Whopper«. Die Maschinen sind sicher und trocken untergebracht.

Alpengasthof Weißbach, Berchtesgadener Straße 17, 83458 Schneizlreuth, Tel. 086 65/988 60, www.alpengasthof.de €€

14
7 km
St2101

Geradeaus auf die Thumseestraße (St2101) und 7 km bis Bad Reichenhall – Endstation der Tour.

Strecke: *Windungsreiche Nebenstraße am Thumsee entlang.*

Info: Am Thumsee kann man das »Seemösl« besuchen, eine im Sumpfweiher gelegene Seerosenfarm. Der Betrieb ist der älteste seiner Art in Deutschland. Seit 1936 werden hier neun Seerosenarten gezüchtet.

2 Bergkulisse und Zwiebeltürme

Chiemgau und Chiemsee

ROUTE 2 Chiemgau – Bergkulisse und Zwiebeltürme

Ⓐ **Ausgangsort**
Wasserburg (D-83512)

Ⓔ **Zielort**
Wasserburg (D-83512)

182 km ★★★★★ ★★★★

Straßentypen (in Prozent der Streckenlänge)

50 | 50

■ Landstraße/asphaltierte Nebenstraße
■ Bundesstraße/Schnellstraße

Diese Tour können Sie mit Route 1 und 3 kombinieren.

Tourismusverband Chiemgau
Leonrodstraße 2
D-83276 Traunstein
Tel. 08 61/909 59 00
info@chiemgau-tourismus.de
www.chiemgau-tourismus.de

(→ *weitere Adressen siehe Seite 186*)

Urwüchsig ist das Land zwischen München und den Bayerischen Voralpen. Idealer Ausgangspunkt für die Annäherung an den Chiemgau ist die Stadt Wasserburg am Inn. Kurvenreiche, fahrtechnisch anspruchsvolle Wege führen durch eine Bilderbuchidylle mit Hügeln und Tälern, die den Blick freigeben auf markante Bergsilhouetten. Die Tour rund um den Chiemsee führt an die schönsten Berge heran – Glücksgefühle garantiert!

Route 2
Wasserburg am Inn
Eiselfing
Attel
Rott am Inn
Schechen
Rosenheim
Kolbermoor
Bad Aibling
Feldkirchen
Miesbach
Brannenburg
Nußdorf
Breiten
Neubeuern
Rohrdorf
Achenmühle
Frasdorf
Aschau
Kampenwand
1669
Hochries
1568
Bernau am Chiemsee
Prien
Bad Endorf
Halfing
Amerang
Schabing
Obing
Seeon
Eggstätt
Seebruck
Chiemsee
Fraueninsel
Herreninsel
Simssee
Grassau
Marquartstein
Staudach-Egerndach
Hochfelln
1671
Unterwössen
Geigelstein
1813
Reit im Winkl
Seegatterl
Winklmoosalm
Weitsee
Dürrnbachhorn
1778
Gurnwandkopf
1691
Top Tipp
Sonntagshorn
1961
Weiße Traun
Deutsche Alpenstraße
Weißbach
Weißbachschlucht
Schneizlreuth
Karkopf
1739
Bad Reichenhall
Inzell
Hochstaufen
1771
Rote Traun
Ruhpolding
Siegsdorf
Traunstein
Grabenstätt
Traunreut
Altenmarkt
Trostberg
Tittmoning
Laufen
Waginger See
Tachinger See
Salzach
Traun
Alz
Tiroler Achse
Prien
Inn
Mangfall
Leitzach
Kössen
Oberaudorf
Bayrischzell
Tatzelwurm
764
Wendelstein
1838
Mangfallgebirge
Chiemgauer Alpen
Bayern
DEUTSCHLAND
ÖSTERREICH
B15
B304
B305
B306
B307
B20
B21
B172
B175
A8
A93
St2092
St2094
St2095
St2098
St2093
St2359
St2362
R036
E
A
Route
10 km
N
DEUTSCHLAND
BW
BY
Ulm
Augsburg
München
Rosenheim
Salzburg
Konstanz
Lindau
Kempten
Garmisch-Partenkirchen
Kufstein
Berchtesgaden
Oberstdorf
Innsbruck
SCHWEIZ
ÖSTERREICH

Tour-Stationen auf einen Blick

Tourlänge: 182 km

Nr.	Ort	PLZ	GPS-Koordinaten
A	Wasserburg	D-83512	N 48 03.623 E 12 13.943
03	Eiselfing	D-83549	N 48 02.450 E 12 14.503
04	Amerang	D-83123	N 47 59.444 E 12 18.595
05	Obing	D-83119	N 48 00.116 E 12 24.070
06	Seeon	D-83370	N 47 58.384 E 12 26.655
07	Seebruck	D-83358	N 47 56.177 E 12 28.445
08	Traunstein	D-83278	N 47 51.849 E 12 39.061
09	Siegsdorf	D-83313	N 47 49.167 E 12 39.310
10	Ruhpolding	D-83324	N 47 45.724 E 12 38.834
11	Reit im Winkl	D-83242	N 47 40.627 E 12 28.265
12	Staudach-Egerndach	D-83224	N 47 46.785 E 12 28.515
13	Bernau	D-83233	N 47 48.694 E 12 22.433
14	Aschau	D-83229	N 47 46.831 E 12 19.443
15	Frasdorf	D-83112	N 47 48.198 E 12 17.437
16	Achenmühle	D-83101	N 47 47.719 E 12 13.730
17	Breiten	D-83131	N 47 45.183 E 12 08.893
18	Rosenheim	D-83022	N 47 51,357 E 12 08.502
19	Rott am Inn	D-83543	N 47 58.492 E 12 07.858
E	Wasserburg	D-83512	N 48 03.623 E 12 13.943

Die Tabelle enthält die wichtigsten Stationen der Route – ggf. wurden Orte weggelassen oder zur exakteren Navigation ergänzt; Referenzsystem der GPS-Koordinaten: WGS84

1
1,5 km
St2092

Wasserburg Richtung Süden über die Innbrücke verlassen. Nach der Brücke links auf die St2092 und 1 km bis zur Abzweigung nach Amerang.

Info: Wasserburg liegt malerisch auf einer vom Inn umschlungenen Halbinsel. Hinter seinen hohen Steinmauern mit Erkern und Zinnen verbirgt sich ein historisches Kleinod. Der Salzhandel und die günstige Lage am Fluss verhalfen Wasserburg im 13. Jahrhundert zu wirtschaftlicher Blüte. Zeichen des Wohlstands aus jener Epoche sind die stattlichen Bürgerhäuser und Kirchen, das Rathaus und der Rote Turm. Vom Aussichtspunkt »Schöne Aussicht« am gegenüberliegenden Ufer überblickt man die gotische Altstadt mit der Inn-Promenade.

Das Erste Imaginäre Museum in Wasserburg bietet eine sehenswerte Sammlung originalgetreuer Repliken bedeutender Gemälde aus zahlreichen Epochen in den Räumen des alten Spitals im Brucktor.

Imaginäres Museum, Bruckgasse 2, 83512 Wasserburg, Tel. 080 71/43 58, www.wasserburg.de/de/imaginaeres-museum, Mai–Sept. Di–So 13–17 Uhr, Okt.–April Di–So 13–16 Uhr.

Restaurant- und Hotel-Tipp: Das Hotel Fletzinger, ein Traditionshaus mit Biergarten, liegt inmitten der Altstadt von Wasserburg.

Hotel Fletzinger, Fletzingergasse 1, 83512 Wasserburg, Tel. 080 71/908 90, www.hotel-fletzinger.de €€€

Wasserburg schmiegt sich eng an den Inn.

2
1,5 km
–

Jetzt rechts abbiegen und weitere 1,5 km bis nach Eiselfing fahren.

Strecke: *Aus Wasserburg heraus auf schmalen Nebenstraßen.*

3
8,5 km
RO36

In Eiselfing links auf die RO36 abbiegen und 8,5 km bis Amerang – in den Ort hinein.

Strecke: *Die einsame Straße führt vorbei an eiszeitlich geformten Moränenhügeln.*

Info: Das EFA-Automobil-Museum in Amerang dokumentiert auf 6000 Quadratmetern modern verpackt über 100 Jahre deutsche Automobilgeschichte und wartet zudem mit einer imposanten Modelleisenbahn-Anlage und einer großen Miniatur-Eisenbahn-Sammlung auf.

EFA-Automobil-Museum Amerang, Wasserburger Straße 38, 83123 Amerang, Tel. 080 75/81 41, www.efa-automuseum.de, April– Anf. Nov. Di–So 10–18 Uhr.

Event-Tipp: Romantisches, fast südländisches Flair erfüllt den Renaissance-Arkadenhof des über 900 Jahre alten Schlosses Amerang, wenn der Schlossherr hier im Hochsommer die Schlosskonzerte veranstaltet. Ein echter Publikumsmagnet – ebenfalls im Hochsommer – ist das Ritterfest mit Märkten, Musik und vielen klirrenden Schwertern.

Schloss Amerang, 83123 Amerang, Tel. 08 075/919 20, www.schlossamerang.de

Blick ins ferne Voralpenland.

Stimmungsvoll: Schloss Amerang im Sommer.

4
8 km
St2360

In Amerang links auf die St2360 Richtung Schabing, dann gleich rechts in die Obinger Straße und 8 km bis Obing.

Strecke: *Ruhiges Fahren durch gepflegte Kulturlandschaft.*

Info: Der von einem breitem Schilfgürtel umgebene Obinger See lädt mit seiner Liegewiese zum Sonnen, Baden und Rudern ein. Interessant nicht nur für Kunstkenner: Auf einem Rundweg präsentieren 25 Bildhauer des »Skulpturenprojekts Obing am See« ihre Werke.
Skulpturenweg-Führungen: Tel. 086 24/89 86 25.

5
6 km
B304
St2094

In Obing rechts auf die B304, 1 km durch den Ort bis zur Abzweigung nach Seebruck, hier rechts und 5 km auf der St2094 bis Kloster Seeon.

Info: Kloster Seeon liegt auf einer Halbinsel inmitten eines Moorsees.

Restaurant- und Hotel-Tipp: Für das leibliche Wohl sorgen die Klostergaststätte mit Biergarten, die Terrasse am Klostersee und das gemütliche Klosterstüberl. Es gibt auch schöne Gästezimmer.
Kloster Seeon, Klosterweg 1, 83370 Seeon, Tel. 086 24/89 70, www.kloster-seeon.de €€

A Eggstätt

Restaurant- und Hotel-Tipp:
Etwas abseits der Route, aber nahe am Chiemsee, liegt der bei Motorradfahrern beliebte Gasthof Unterwirt in Eggstätt – mit Biergarten und eigenem Badesee. Der Chef des Hauses ist selbst engagierter Motorradfahrer.
Gasthof Unterwirt, Kirchplatz 8, 83125 Eggstätt, Tel. 080 56/337, www.unterwirt-eggstaett.de €

6
5 km
St2094

Geradeaus am Kloster vorbei, weiter auf der St2094 und 5 km bis nach Seebruck fahren.

Strecke: *Auf lang gezogenen Kurven durch welliges, von Hochmooren, Moor- und Waldseen durchsetztes Hügelland.*

Event-Tipp: Im Kultur- und Bildungszentrum Kloster Seeon werden zahlreiche Kulturveranstaltungen angeboten: von Volksmusik über Klassik-Konzerte bis hin zu Jazzdarbietungen und Theateraufführungen. Mozartwoche immer zur Osterzeit (www.kloster-seeon.de).

7
16 km
St2095

In Seebruck links auf die St2095 abbiegen der Straße 16 km bis Traunstein folgen.

Strecke: *Geradeaus durch die schöne oberbayerische Landschaft.*

Info: Das mondäne Seebruck am Chiemsee lockt mit Jachthafen und hübschen Badeanstalten zahlreiche Besucher an. Mit dem Schiff geht es zu den Inseln Herrenchiemsee und Frauenchiemsee. Die Fraueninsel mit ihrem Kloster aus karolingischer Zeit ist das Eiland der Nonnen und Fischer und zugleich ältester Künstlerort Bayerns.

Chiemsee-Schifffahrt, Seestraße 108, 83209 Prien am Chiemsee, Tel. 080 51/60 90, www.chiemsee-schifffahrt.de

Der Chiemsee – das »bayerische Meer«.

8 *6 km* B306

Durch Traunstein hindurch bis zur T-Kreuzung, hier rechts auf die B306 und 6 km bis Siegsdorf.

Strecke: *Durch ein Waldstück – die Berge rücken näher!*

Restaurant- und Hotel-Tipp: Im Siegsdorfer Gasthof Forelle stoppen Biker gerne, ob für eine Brotzeit oder zum Übernachten.

Hotel Gasthof Forelle, Traunsteiner Straße 1, 83313 Siegsdorf, Tel. 086 62/660 50, hotel-gasthof-forelle.de €€

9 *10 km* St2098

Im Kreisel kurz hinter Siegsdorf rechts auf die St2098 (1. Ausfahrt) und 10 km bis Ruhpolding.

Strecke: *Die Landstraße folgt in flotten Schwüngen der Weißen Traun.*

Info: Ruhpolding hat sich zu einem der meistbesuchten Erholungsorte in den Chiemgauer Alpen entwickelt.

10 *21,5 km* B305

Durch Ruhpolding geradeaus auf die B305 und über Seegatterl 21,5 km bis Reit im Winkl fahren.

TOP TIPP **Strecke:** *Traumetappe auf der Deutschen Alpenstraße, an Weitsee und Mittersee vorbei, mit grandiosem Blick auf die Berge.*

A Weißbachschlucht

Strecke: *Hinter Ruhpolding auf die B305 (Deutsche Alpenstraße) und 18 km über Inzell bis Schneizlreuth fahren.*

Info: Ein Erlebnis ist der rund 4 km lange Weg entlang der engen Felswände in der Weißbachschlucht von Weißbach bis Schneizlreuth.

ADAC Motorrad-Hotel: Im Alpengasthof Weißbach in Weißbach bei Schneizlreuth finden Motorradfahrer nicht nur eine gut ausgestattete Unterkunft, hier trifft man auch auf Gleichgesinnte. Die Maschinen sind sicher und trocken untergebracht. Für Biker gibt es attraktive Komplettangebote.

Alpengasthof Weißbach, Berchtesgadener Straße 17, 83458 Schneizlreuth, Tel. 086 65/988 60, www.alpengasthof.de €€

11
17,5 km
B305

In Reit im Winkl zweimal rechts abbiegen und 17,5 km – weiter auf der B305 – über Marquartstein in Richtung Grassau fahren.

Strecke: *Noch mehr Kurven in einer Bilderbuchlandschaft.*

Info: Das beliebte Wintersportzentrum Reit im Winkl bezaubert im Sommer mit seinen bemalten Hausfassaden und blumengeschmückten Holzbalkonen. Vor den Toren des Ortes kann man im von markanten Bergen umringten, kristallklaren Weitsee baden.

12
9 km
B305

Bei Staudach-Egerndach im Kreisel die 3. Ausfahrt nehmen und 9 km – weiter auf der B305 – durch Grassau bis Bernau.

Strecke: *Jetzt geht es wieder etwas ruhiger zu.*

Info: Grassau liegt eingebettet zwischen sepiafarbenem Moor und blau aufragenden Bergwänden. Eine bayerische Idylle.

13
5 km
–

In Bernau links abbiegen, 5 km auf der kleinen Straße bis Aschau.

Balkonblumenromantik in Marquartstein.

14 *4 km* St2093

In Aschau rechts auf die St2093 und 4 km bis Frasdorf fahren.

Info: Südlich von Aschau liegt das sehenswerte Schloss Hohenaschau mit mittelalterlichem Bergfried.

Schloss Hohenaschau, Schlossbergstraße, 83229 Aschau, Tel. 080 52/90 49 37.

15 *5,5 km* St2362

In Frasdorf links abbiegen, 0,5 km auf der St2362, dann geradeaus weiter 5 km bis Achenmühle.

Strecke: *Verläuft parallel zur Autobahn A8.*

16 *11 km* –

In Achenmühle links abbiegen und 11 km in Richtung Nußdorf am Inn fahren.

Strecke: *Abgelegene Landstraße mit schönen Kurvenpartien.*

17 *14,5 km* St2359

In Breiten vor Nußdorf rechts auf die St2359 abbiegen und 14,5 km über Rohrdorf bis Rosenheim.

Strecke: *Viele Kurven durch das malerische Inntal.*

A Tatzelwurm

Strecke: *Der Tatzelwurm gehört zu den legendären Motorradstrecken in den Bayerischen Alpen.*

Info: Von Nußdorf im Inntal gelangt man auf der St2359 über den Luftkurort Brannenburg auf einer Mautstraße zum 70 m hohen Wasserfall des Tatzelwurms und zur gleichnamigen Ausflugsgaststätte. Der Zugang zu den imposanten Kaskaden wurde mit einem Weg und je einer Brücke im oberen und im unteren Teil erschlossen.

Restaurant- und Hotel-Tipp: Liebevoll eingerichtete Zimmer und einen Wellnessbereich bietet das Hotel Feuriger Tatzlwurm in Oberaudorf.

Hotel Feuriger Tatzlwurm, 83080 Oberaudorf, Tel. 080 34/300 80, www.tatzlwurm.de €€

18
16,5 km
B15

In Rosenheim links abbiegen, den Inn überqueren, nach 1 km rechts und 2,5 km über die Kaiser- und Ebersberger Straße zur B15. Hier rechts und 13 km bis Rott am Inn fahren.

Strecke: *Zunächst Stop-and-go durch die Stadt. Dann aber wieder freie Fahrt auf schneller Bundesstraße.*

19
15 km
B15

In Rott geradeaus auf der B15 bleiben und über Attel 15 km zurück nach Wasserburg fahren.

Strecke: *Gut ausgebaute Bundesstraße entlang der Flussauen des Inns.*

Restaurant- und Hotel-Tipp: Der Gasthof Fischerstüberl liegt unterhalb des Klosters Attel. Auf der Karte finden sich leichte Küche, Fischspezialitäten sowie Weine aus ökologischem Anbau. Orientalische und vegetarische Gerichte werden im hauseigenen Bistro Wunderlampe serviert. Liebevoll eingerichtete Zimmer.

E Gasthof Fischerstüberl, Attel-Elend 1, 83512 Wasserburg-Attel, Tel. 080 71/25 98, www.fischerstueberl-attel.de €€

Wunderbares Bayern: Postkartenidylle im Inntal.

3 Durchs bayerische Bikerparadies

Von München zum Sudelfeld und Tatzelwurm

Ⓐ **Ausgangsort**
Unterhaching (D-82008)

Ⓔ **Zielort**
Bayrischzell (D-83735)

136 km ★★★ ★★★★

Straßentypen (in Prozent der Streckenlänge)

30 | 70

Landstraße/asphaltierte Nebenstraße
Bundesstraße/Schnellstraße

Pass-Überquerungen: 2

Diese Tour können Sie mit Route 2 kombinieren.

Gäste-Information Schliersee
Perfallstraße 4
D-83727 Schliersee
Tel. 080 26/606 50
tourismus@schliersee.de
www.schliersee.de

(➔ *weitere Adressen siehe Seite 186*)

Die Münchner sind schon zu beneiden: Nicht nur unzählige Biergärten gibt es bei ihnen, auch die Alpen liegen quasi vor der Haustüre – und mit ihnen die spannendsten Motorradstrecken Süddeutschlands. Also rauf auf die Maschinen, denn zum Sudelfeld und Tatzelwurm, den feurigen Höhepunkten dieser Tour, ist es nicht weit. Auf dem Weg dorthin cruisen wir genussvoll unter weiß-blauem Himmel vorbei an Seen und malerischen Ferienorten.

Route 3
München
Unterhaching
Sauerlach
Hofolding
Aying
Großhartpenning
Holzkirchen
Sachsenkam
Bad Tölz
Lenggries
Sylvenstein-see
Isar
Achenpass
941
Mondscheinspitze
2106
Waakirchen
Bad Wiessee
Tegernsee
Gmund
Kreuth
Rottach-Egern
Miesbach
Schliersee
Spitzingsee
Spitzing-sattel
1129
Leitzachtal
Deutsche Alpenstraße
Bayrischzell
Wendelstein
1838
Top Tipp
Ursprung-pass
836
Sudelfeldpass
1123
Tatzelwurm
Brannenburg
Oberaudorf
Kiefersfelden
Kufstein
Wörgl
Nußdorf am Inn
Rohrdorf
Rosenheim
Rott am Inn
Inn
Simsee
Bad Aibling
Bruckmühl
Mangfall
Glonn
Attel
Ebersberg
Speichersee
Sempt
Rofangebirge
Rofanspitze
2259
Hoher Nock
1497
ÖSTERREICH
B307
St2072
B13
B472
B318
181
171
A12
St2075
St2089
A93
B15
A8
St2070
B471
A94
B304
B12
Route
10 km
DEUTSCHLAND
BW
BY
Ulm
Augsburg
München
Rosenheim
Salzburg
Konstanz
Lindau
Kempten
Garmisch-Partenkirchen
Berchtesgaden
Kufstein
Oberstdorf
Innsbruck
SCHWEIZ
ÖSTERREICH

Tour-Stationen auf einen Blick

Tourlänge: 136 km

Nr.	Ort	PLZ	GPS-Koordinaten
(A)	Unterhaching	D-82008	N 48 03.206 E 11 37.174
02	Holzkirchen	D-83607	N 47 52.539 E 11 41.985
03	Bad Tölz	D-83646	N 47 45.606 E 11 35.012
04	Miesbach	D-83714	N 47 46.656 E 11 49.718
05	Schliersee	D-82727	N 47 44.064 E 11 51.873

Nr.	Ort	PLZ	GPS-Koordinaten
06	Bayrischzell	D-83735	N 47 40.282 E 12 00.924
07	Tatzelwurm	D-83080	N 47 40.524 E 12 05.026
08	Oberaudorf	D-83080	N 47 39.663 E 12 10.253
09	Kufstein	A-6330	N 47 35.313 E 12 09.679
(E)	Bayrischzell	D-83735	N 47 40.425 E 12 00.835

Die Tabelle enthält die wichtigsten Stationen der Route – ggf. wurden Orte weggelassen oder zur exakteren Navigation ergänzt; Referenzsystem der GPS-Koordinaten: WGS84

1 — *22 km* — B13

Von München-Unterhaching auf der Tegernseer Landstraße (B13) südwärts und der Bundesstraße 22 km über Sauerlach bis Holzkirchen folgen.

Strecke: *Schwungvoll auf gut ausgebauter Straße hinaus aus Deutschlands heimlicher Hauptstadt in Richtung Berge.*

Restaurant- und Hotel-Tipp: Hinter der typisch bayerischen Fassade des alten Gutshofes Neuwirt in Sauerlach versteckt sich ein modernes Hotel mit Wellnessbereich und Biergarten. Für Motorräder gibt es kostenlose Stellplätze – Garagen leider nur gegen Aufpreis.

Hotel Neuwirt, Bahnhofstraße 13, 82054 Sauerlach, Tel. 081 04/667 90, www.hotel-neuwirt.de €€€

A Aying

Strecke: *Ab Sauerlach auf der St2070 über Hofolding 10 km nach Aying.*

Restaurant-Tipp: Wer mit echtem bayerischem Weißwurst-Frühstück in den Tag starten möchte, kann das im Liebhard's Bräustüberl in Aying. Der urige Biergarten des Lokals ist einer der schönsten im Münchner Umland.

Liebhard's Bräustüberl, Münchenerstraße 2, 85653 Aying, Tel. 080 95/13 45, www.liebhards-aying.de, tgl. 10–24 Uhr.

2 — *17 km* — B13

In Holzkirchen rechts halten, um auf der B13 zu bleiben. Der Bundesstraße 17 km über Großhartpenning und Sachsenkam bis Bad Tölz folgen.

Info: Die spektakulären, insgesamt 1 km langen Wasserrutschen des Erlebnisbads Alpamare in Bad Tölz ziehen abenteuerlustige Wasserratten aus ganz Bayern an. Zudem gibt es eine Indoor-Surfanlage.

Alpamare, Ludwigstraße 14, 83646 Bad-Tölz, Tel. 080 41/50 99 99, www.alpamare.de

3
20 km
B472

Vor Bad Tölz links auf die B472 abbiegen und auf der Bundesstraße 20 km über Waakirchen bis zur Auffahrt auf die B307 bei Miesbach.

***Strecke:** Gemütliches Touren durch das Tegernseer Land.*

Restaurant- und Hotel-Tipp: Das Posthotel Kolberbräu liegt zentral in der Fußgängerzone von Bad Tölz. Trotzdem sind die Zimmer, die teilweise mit Balkon ausgestattet sind, relativ ruhig. Bayerische und internationale Kost serviert das hauseigene Restaurant – im Sommer auch draußen im Biergarten. Motorradfahrern stehen kostenlose Garagenplätze und ein Trockenraum zur Verfügung.

Posthotel Kolberbräu, Marktstraße 29, 83646 Bad Tölz, Tel. 080 41/768 80, www.kolberbraeu.de €€

4
6 km
B307

Hier rechts auf die B307 auffahren und dem Straßenverlauf 6 km bis nach Schliersee folgen.

Event-Tipp: Das Schlierseer Bauerntheater zieht das Publikum in Scharen an. Wer seine Kenntnisse des Bayerischen testen möchte, kann Karten im örtlichen Schreibwarenhandel oder via Internet kaufen.

Schlierseer Bauerntheater, Xaver-Terofal-Platz 1, 83727 Schliersee, Vorverkauf Tel. 080 26/47 07, www.schlierseer-bauerntheater.de

Tipp: Deutsche Alpenstraße

Info: Von Berchtesgaden bis nach Lindau am Bodensee führt die Deutschen Alpenstraße. Hier reihen sich die Höhepunkte wie an einer Perlenkette: tolle Kurven, eine Traumlandschaft mit über 20 Seen, 25 Burgen, Klöstern und romantischen Schlössern, dazu typische, traditionsreiche Städte. In die 450 km lange Ferienstraße integriert und an sie angebunden sind die spannendsten Motorradstrecken der deutschen Alpen: vom Roßfeldring hoch über dem Königssee, dem beliebten Sudelfeld bei Bayrischzell über Ammersattel und Großer Ahornboden bis zum Riedbergpass im Allgäu. Diese Strecken werden in den jeweiligen Touren dieses Buches ausführlich beschrieben und lassen sich auf der Deutschen Alpenstraße schön miteinander kombinieren (www.deutsche-alpenstrasse.de).

5
16 km
B307

In Schliersee geradeaus, weiterhin auf der B307 bleiben und 16 km bis Bayrischzell fahren.

Strecke: *Zügig am Schliersee entlang und durch das schöne Leitzachtal.*

Info: Bayrischzell ist bereits seit Jahrzehnten voll und ganz auf den Tourismus eingestellt. Dennoch findet man im Zentrum immer noch jene alten bäuerlichen Häuser, die einst Keimzelle des Ortes waren. Der 1838 m hohe Wendelstein heißt in Bayrischzell »Hausvater«, seinen Gipfel, auf dem eine dem Viehpatron Wendelin geweihte Kapelle thront, kann gleich zweifach bequem erreicht werden: Von Brannenburg schnauft eine Zahnradbahn hinauf und von Bayrischzell-Osterhofen schwebt eine Seilbahn Richtung Gipfel. In luftiger Höhe wurde ein Panoramaweg angelegt, der eine fantastische Rundumsicht bietet. Wem es in solcher Höhe schwindelt, kann in die eiskalte Wendelstein-Höhle, die 200 m weit begehbar ist, hinabsteigen.

Restaurant- und Hotel-Tipp: Im Gasthof Wendelstein in Bayrischzell wurde 1883 der erste Trachtenverein Deutschlands gegründet. Urbayerisch geht's deshalb zu. Im Jägerstüberl werden Milzwurst, Lüngerl oder Krautwickerl serviert, die Zimmer sind individuell eingerichtet.
Gasthof Wendelstein, Ursprungstraße 1, 83735 Bayrischzell, Tel. 080 23/808 90, www.gasthof-wendelstein.de €

A Spitzingsee

Strecke: *Hinter Fischhausen-Neuhaus zweigt nach rechts die gut ausgebaute, 5 km lange Straße über den Spitzingsattel (1129 m) zum Spitzingsee ab.*

Info: Versteckt in den Schlierseer Bergen liegt der Spitzingsee. Vom Spitzingsattel hat man einen tollen Blick auf den Schliersee und das Leitzachtal. Am Spitzingsee selbst trifft man andere Biker oder dreht eine Bootsrunde. (www.bootsverleih-spitzingsee.de).

Restaurant- und Hotel-Tipp: Im Berggasthof Alte Wurzhütte am Spitzingsee kann man sich mit einer Brotzeit stärken. Es gibt einen kleinen Biergarten und auch Gästezimmer.
Alte Wurzhütte Spitzingsee, Roßkopfweg 1, 83727 Schliersee, Tel. 080 26/60 68, www.alte-wurzhuette.de €€

6
12 km
B307

In Bayrischzell geradeaus (B307) und 12 km über das Sudelfeld bis zum Abzweig Tatzelwurm.

Strecke: *Über den Sudelfeldpass (1123 m) und das Sudelfeld, ein Teilstück der Deutschen Alpenstraße, das Biker in Scharen anzieht. Nicht nur zur Kurvenhatz, die sind durch Bitumenflicken und Tempolimit eingeschränkt, sondern vor allem auch als Treffpunkt.*

TOP TIPP **Restaurant-Tipp:** Simones Bikertreff im Unteren Sudelfeld ist ein beliebter und belebter Tummelplatz für Motorradfahrer. An schönen Wochenenden finden sie sich hier zu Hunderten ein. Gelobt werden die Leberknödelsuppe und die leckeren Kuchen der Wirtin.
Simones Bikertreff, Unteres Sudelfeld 7, 83735 Bayrischzell, Tel. 080 23/333.

7
8 km
–

Hier rechts abbiegen und über den Tatzelwurm 8 km bis nach Oberaudorf fahren.

Strecke: *Kehrenreich geht es über die legendäre Tatzelwurmstraße.*

Restaurant- und Hotel-Tipp: Auch im Gasthof »Feuriger Tatzlwurm« treffen sich die Motorradfahrer. Die exklusiven, liebevoll eingerichteten Zimmer und Suiten laden ein, hier die Nacht zu verbringen.
Feuriger Tatzlwurm, Tatzelwurmstraße 1, 83080 Oberaudorf, Tel. 080 34/300 80, www.tatzlwurm.de €€€

Aussichtsreicher Abstecher zum Spitzingsee.

8
10 km
St2089
B171

In Oberaudorf an der Kreuzung mit der Rosenheimer Straße (St2089) rechts und 10 km, ab Kiefersfelden auf der B171, bis nach Kufstein.

Strecke: *Durchs dicht besiedelte Inntal nach Österreich hinein.*

Restaurant- und Hotel-Tipps: Der urige Ochsenwirt in Oberaudorf ist bekannt für seine raffinierte bayerische Küche. Das älteste Wirtshaus im Inntal bietet auch Gästezimmer. Moderner untergebracht ist man im nahe gelegenen Sporthotel Wilder Kaiser mit Panoramarestaurant, Wintergarten und Wellnessoase. Parkplätze sind vorhanden.

Gasthof Ochsenwirt, Carl-Hagen-Straße 14, 83080 Oberaudorf, Tel. 080 33/307 90, www.ochsenwirt.com €

Sporthotel Wilder Kaiser, Naunspitzstraße 1, 83080 Oberaudorf, Tel. 080 33/92 50, www.wilderkaiser.de €€

9
25 km
175
–
St2075

In Kufstein im Kreisel hinter der Autobahn die 1. Ausfahrt (175) nehmen, gleich wieder links auf die Thiersee Straße und 25 km, ab der Grenze auf der St2075, nach Bayrischzell fahren.

Strecke: *Über den Ursprungpass (836 m) zurück nach Bayern.*

Mit der abwechslungsreichen Fahrt durchs dichter besiedelte Inntal geht die Tour zu Ende.

Ein absolutes Motorrad-Highlight der deutschen Alpen: die kurvenreiche Fahrt übers Sudelfeld bei Bayrischzell mit Blick auf den Wendelstein.

Ein Himmel voller Geigen

Tegernsee, Mangfall- und Karwendelgebirge

Ⓐ **Ausgangsort**
Rottach-Egern (D-83700)

Ⓔ **Zielort**
Mittenwald (D-82481)

128 km ★★★★★ ★★

Straßentypen (in Prozent der Streckenlänge)

Landstraße/asphaltierte Nebenstraße	Bundesstraße/Schnellstraße
50	50

Pass-Überquerungen: 1

Diese Tour können Sie mit Route 5 kombinieren.

Tegernseer Tal Tourismus
Hauptstraße 2
D-83684 Tegernsee
Tel. 080 22/92 73 80
info@tegernsee.com
www.tegernsee.com

(➔ *weitere Adressen siehe Seite 186*)

Ganz entspannt im Hier und Jetzt: Mehr Sommerfrische als Kurvenjagd bietet diese Tour, die Feinschmeckern und Liebhabern der gemächlichen Lebensart gefallen wird. Nach einer Pflichtumrundung des Tegernsees verabschieden wir uns vom mondänen Ferienrummel und tauchen ein ins stille Glück der abgeschiedenen Täler des Mangfallgebirges, Karwendels und des Wettersteinmassivs, wo die Route im Geigenbauerort Mittenwald ausklingt.

Route 4
Route
10 km
N
Bad Tölz
Penzberg
Gmund
Tegernsee
Bad Wiessee
Tegernsee
Rottach-Egern
Weißbach
Schliersee
Schliersee
Lenggries
Bichl
Benediktbeuren
Riegsee
Murnau
Kochel
Kochelsee
Bayern
Jachenau
Walchensee
Walchensee
Niedernach
Kreuth
Wallberg
1722
Enterrottach
Spitzingsattel
1129
Spitzingsee
Leonhardstein
1449
Wildbad Kreuth
Deutsche Alpenstraße
Valepp
Forsthaus Valepp
941
Achenpass
Isar
DEUTSCHLAND
Oberammergau
Ettal
Graswang
Linderhof
1889
Notkarspitze
Oberau
Loisach
Farchant
Krottenkopf
2086
Garmisch-Partenkirchen
Klais
Krün
Wallgau
Vorderriß
Sylvensteinsee
Achenkirch
Guffertspitze
2194
ÖSTERREICH
Achensee
Rofangebirge
Rofanspitze
2259
Mondscheinspitze
2106
Großer Ahornboden
Rißtal
Rißbach
Hinterriß
Soiernspitze
2257
Östliche Karwendelspitze
2537
Top Tipp
Grainau
Werdenfelser Land
Eibsee
Zugspitze
2962
Alpspitze
2628
Mittenwald
Westliche Karwendelspitze
2385
Karwendeltal
Birkkarspitze
2749
Karwendelgebirge
Eng
Wettersteingebirge
Jenbach
B11
B472
B307
B318
B13
B23
B2
B307
181
A95
A12
St2062
St2072
BW
DEUTSCHLAND
BY
Ulm
Augsburg
München
Rosenheim
Salzburg
Konstanz
Lindau
Kempten
Garmisch-Partenkirchen
Kufstein
Berchtesgaden
Oberstdorf
Innsbruck
SCHWEIZ
ÖSTERREICH

Tour-Stationen auf einen Blick

Tourlänge: 128 km

Nr.	Ort	PLZ	GPS-Koordinaten
A	**Rottach-Egern**	D-83700	N 47 41.234 E 11 45.621
02	**Gmund**	D-83703	N 47 45.031 E 11 44.207
03	**Bad Wiessee**	D-83707	N 47 43.225 E 11 43.061
04	**Weißach**	D-83700	N 47 41.145 E 11 45.503
05	**Abzweig B307**	-	N 47 34.919 E 11 38.044
06	**Sylvensteinsee**	-	N 47 35.134 E 11 32.903

Nr.	Ort	PLZ	GPS-Koordinaten
07	**Vorderriß**	D-83661	N 47 33.503 E 11 26.103
08	**Eng**	A-6215	N 47 23.960 E 11 33.474
09	**Vorderriß**	D-83661	N 47 33.591 E 11 26.141
10	**Wallgau**	D-82499	N 47 31.590 E 11 17.077
11	**Krün**	D-82494	N 47 29.699 E 11 16.494
E	**Mittenwald**	D-82481	N 47 26.317 E 11 16.024

Die Tabelle enthält die wichtigsten Stationen der Route – ggf. wurden Orte weggelassen oder zur exakteren Navigation ergänzt; Referenzsystem der GPS-Koordinaten: WGS84

1
8 km
B307

Von Rottach-Egern 8 km auf der B307 in nördliche Richtung über Tegernsee bis nach Gmund fahren.

Strecke: *Belebte Bundesstraße mit schönen Ausblicken auf den See.*

Info: Der Tegernsee ist ein beliebtes Naherholungsgebiet – entsprechend überlaufen sind im Sommer die Uferstraßen. Doch die spitzen Kirchtürme und die traditionell erbauten, mit Lüftlmalerei verzierten Häuser, die sich herrlich in die Bergkulisse einfügen, entschädigen für den Stress. Vor allem in Rottach-Egern mischt sich heute bayerisches Lokalkolorit mit mondänem Flair. Der Ort bietet eine große Zahl an Nobelboutiquen und -herbergen. Dabei war er einst das Dorf der Maler und Poeten. Am See und an der gotischen Pfarrkirche St. Laurentius spürt man aber noch einen Hauch von Ursprünglichkeit.

Restaurant- und Hotel-Tipps: Im Herzoglichen Bräustüberl in Tegernsee wird altbayerische Lebensart gepflegt und der Obatzde mit frischer Breze schmeckt fantastisch. Eine tolle Lage mit einmaligem Seeblick bietet das exklusive Tegernseer Jugendstil-Hotel Bayern. Schon wegen der schönen Außenterrasse lohnt sich der Aufenthalt.

Herzogliches Bräustüberl, Schlossplatz 1, 83684 Tegernsee, Tel. 080 22/41 41, www.braustuberl.de

Hotel Bayern, Neureuthstraße 23, 83684 Tegernsee, Tel. 080 22/1820, www.hotel-bayern.de €€€

2
5 km
B318

In Gmund nach der Mangfall-Brücke links in die Tölzer Straße abbiegen, jetzt links halten und 5 km auf der B318 bis nach Bad Wiessee.

Strecke: *Schwungvoll setzen wir die Umrundung des Tegernsees am Westufer fort. Auch hier in der Hauptsaison oftmals Stop-and-go.*

Info: Mit heiterem, typisch alpenländischem Flair begrüßt uns Gmund, das trotz seines schmucken Zentrums sichtbar weniger vom Tourismus geprägt ist als die anderen Gemeinden am Tegernsee. Der Blick, den man vom Ort auf den See und die waldbedeckten Berge hat, zählt zu den schönsten der Region. Spätestens beim Anblick des Alpenfleckviehs beim Weiden auf den sattgrünen Wiesen wird der ländliche Charme des Tales spürbar. Die Schönheit, Ruhe und Authentizität Gmunds und seiner Umgebung wusste auch der ehemalige Wirtschaftsminister Ludwig Erhard (1897–1977) zu schätzen – er lebte hier und ist auch im Ort begraben (www.gmund.de).

Event-Tipp: Stimmungsvolle Dämmerrundfahrten über den Tegernsee werden von der Bayerischen Seen-Schifffahrt angeboten. Ende Juli wird von Bad Wiessee aus abends das Seefest in Tegernsee angesteuert, wo man das fantastische Feuerwerk erleben kann.

Schifffahrt Tegernsee, Seestraße 70a, 83684 Tegernsee, Tel. 080 22/933 11, www.seenschifffahrt.de

A Forsthaus Valepp

Strecke: *Von Rottach auf der Ludwig-Thoma-Straße 15 km über Enterrottach, ab hier mautpflichtig, bis Valepp.*

Restaurant- und Hotel-Tipp: Weit oberhalb des Tegernsees befindet sich das historische Forsthaus Valepp. Auf der Karte stehen köstliche Wildspezialitäten und frische Forellen. Übernachtungsgäste schlafen in rustikalen Doppel- und Mehrbettzimmern.

Forsthaus Valepp, 83727 Schliersee, Tel. 080 26/712 81, www.forsthaus-valepp.de €

3
5 km
B318

Geradeaus durch Bad Wiessee und 5 km weiter auf der B318 bis nach Weißach fahren.

Strecke: *Vorbei an einem Waldstück am Ufer mit Blick auf den Wallberg.*

Info: Früher zogen Scharen von Pilgern nach Wiessee, im Glauben an die heilbringende Wirkung des St.-Quirinus-Öls, das ein Mönch um 1450 entdeckte. Wie sich herausstellte, handelte es sich bei der zähen Flüssigkeit jedoch um Erdöl. Erst Anfang des 20. Jahrhunderts stieß man bei Bohrungen auf eine Jod-Schwefel-Quelle, der Aufstieg zum Heilbad war nun besiegelt. Neben dem Kurzentrum ist das Spielkasino heute die Hauptattraktion des Ortes (www.bad-wiessee.de).

Badepark Bad Wiessee, Wilhelmina Straße 2, 83707 Bad Wiessee, Tel. 080 22/862 60, www.badepark-bad-wiessee.de, Sa–Mi 9–21 Uhr, Do+Fr 9–22.30 Uhr.

Spielbank Bad Wiessee, Winner 1, 83707 Bad Wiessee, Tel. 080 22/983 50, www.spielbanken-bayern.de, So–Do 15–3 Uhr, Fr+Sa 15–4 Uhr.

Hotel-Tipp: Eine glänzende Rüstung empfängt die Gäste des Hotels Ritter in Bad Wiessee. Das Haus liegt nicht weit vom Seeufer entfernt, bietet saubere Zimmer mit eigenem Balkon und einen Fitness- und Wellnessbereich mit Schwimmbad. Die Übernachtung kann auch mit Halbpension gebucht werden.

Hotel Ritter, Münchner Straße 11, 83707 Bad Wiessee, Tel. 080 22/665 50, www.hotel-ritter-am-tegernsee.de €€

A Wallberg

Strecke: *Hinter Weißach links von der B307 auf die Wallbergstraße abbiegen und 5 km bis zur Höhe fahren.*

Info: Der 1722 m hohe Wallberg ist ein beliebtes Ausflugsziel: Unter Gleitschirm- und Drachenflieger gilt er als der ideale Startplatz, die Rodelbahn ist die längste Winterrodelstrecke in Deutschland und auf der mautpflichtigen Zufahrt wurden noch in den 1960er-Jahren Auto-Bergrennen ausgetragen.

Restaurant-Tipp: Im oder auf der Terrasse des verglasten Panoramarestaurants Wallberg genießt man Hausmannskost bei grandioser Aussicht.

Panoramarestaurant Wallberg, Wallbergstraße 32, 83700 Rottach-Egern, Tel. 080 22/68 00, www.wallberg-restaurant.de

4

19 km

B307
181

In Weißach rechts auf die B307 und 19 km über Kreuth und den Achenpass bis nach Österreich, ab hier auf der 181, und zum Abzweig der B307.

Strecke: *Wundervolle Kurven durch das Mangfallgebirge – die Strecke ist ein Teilstück der Deutschen Alpenstraße. Der nur 941 m hohe, gut ausgebaute und waldreiche Achenpass geht locker von der Gashand und stellt technisch keine Herausforderung dar. Der höchste Punkt der Passstraße liegt noch deutlich vor der deutsch-österreichischen Grenze.*

Info: Einstmals waren es gekrönte Häupter, die im beschaulichen Wildbad Kreuth ihr Heil suchten, heute findet sich hier im Winter die CSU-Prominenz zur Klausurtagung ein. Immer im Januar werden die Bilder vom meist in Schnee getauchten Tagungszentrum über die Nachrichtensendungen in Deutschlands Wohnzimmer getragen. Im Frühjahr und Sommer zeigt sich die Landschaft hier von ihrer lieblichen Seite. Pittoresk, umgeben von blumenreichen Wiesen, ruht Kreuth an der Deutschen Alpenstraße. Einen Blick lohnt die Kreuther St.-Leonhard-Kirche (1184) am Fuße des Leonhardsteins. Sie ist das wohl älteste Gotteshaus, das dem Viehpatron geweiht wurde – aus gutem Grund, denn von hier wurden Lasten mit Saumpferden auf gefährlichen Pfaden nach Tirol transportiert (www.kreuth.de).

Unterwegs im wunderschönen Mangfallgebirge.

5
7 km
B307

Am Abzweig hinter der Grenze rechts auf die B307 Richtung Deutschland abbiegen, dann 7 km bis zur Staumauer des Sylvensteinsees.

Strecke: *In weiten Schwüngen hinab ins Isartal. Schnell rückt der östliche Seitenarm des Sylvensteinspeichers ins Bild.*

6
10 km
B307

Hinter der Staumauer links abbiegen, weiterhin der B307 folgen und 10 km bis Vorderriß fahren.

Strecke: *Flott geht es weiter am Sylvensteinstausee entlang und über eine Brücke ans andere Seeufer, dann begleitet uns dass Flussbett der Isar mit seinen eindrucksvollen weiten Schotterbänken.*

Info: Der fjordähnliche Sylvensteinstausee erstreckt sich südlich der Jachenau und wurde 1954–1959 gebaut. Er reguliert den Wasserstand der Isar, indem er einerseits während der Schneeschmelze vor Hochwasser schützt, andererseits aber in Trockenzeiten dafür sorgt, dass starke Wasserverluste im oberen Bereich des Flusses – beispielsweise durch Ableitungen von Wasserkraftwerken – wieder ausgeglichen werden. Zwei Kraftwerke am 40 m hohen Damm des Sees nutzen die Fallhöhe des Wassers zudem zur Energiegewinnung.

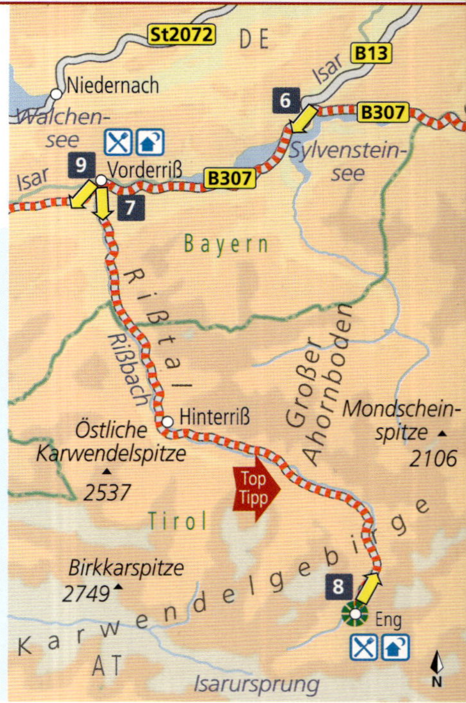

7
25 km
–

In Vorderriß geradeaus und auf kleiner Straße 25 km durchs Rißtal bis ins österreichische Eng.

***Strecke:** Ab Hinterriß gebührenpflichtige Mautstrecke ins Karwendelgebirge. Die Straße ist von Anfang Mai bis Ende Oktober geöffnet.*

TOP TIPP **Info:** Das Riß- und Engtal sowie das Gebirge des Großen Ahornbodens zählen zu den schönsten Alpenlandschaften im Karwendel. Im Frühsommer, wenn die Wiesen mit Blüten übersäht sind, wähnt man sich im Paradies. Wer den Landstrich gegen Saisonende noch mit dem Motorrad erkundet, wird ebenfalls belohnt: Im September und Oktober verwandelt die herbstliche Blattfärbung das Engtal in ein echtes Indian-Summer-Gebiet. Am Ende und höchsten Punkt (1203 m) der mautpflichtigen Straße liegt der Alpengasthof Eng.

Restaurant- und Hotel-Tipp: In der Abgeschiedenheit des Engtals sorgt der Alpengasthof Eng im Café oder in der urigen Bauernstube für einen angenehmen Aufenthalt. Übernachten kann man in hübschen Komfortzimmer, in heimeligen Dachzimmern oder auf Lagerbetten. In der neuen Erholungsoase lässt es sich wunderbar entspannen. Wer will, kann sein Motorrad hier auch gegen ein Mountainbike (kostenloser Verleih) zur Erkundung des Karwendel eintauschen.
Gasthof Eng , Eng 1+2, A-6125 Hinterriß, Tel. 00 43/(0)542/51 31, www.eng.at €

Farbenfroher Frühling im Karwendelgebirge.

Reizvoll ist auch der Spätsommer im Engtal.

8
25 km
–

In Eng das Motorrad wenden und 25 km auf gleicher Strecke retour nach Vorderriß.

Restaurant- und Hotel-Tipp: An der B307 lädt das Gasthaus Post in Vorderriß zum Verweilen ein. Biker lassen sich im Biergarten unter schattigen Kastanienbäumen mit einer deftigen Brotzeit verwöhnen. Die Post hat sich zu einem echten Motorradtreffpunkt entwickelt. Wer ein Dach überm Kopf braucht, wird hier ebenfalls fündig.

Gasthaus Post Vorderriß, Vorderriß 5, 83661 Lenggries, Tel. 080 45/277, www.post-vorderriss.de €

9
13 km
–

In Vorderriß links zur Isarbrücke abbiegen, dann der Straße 13 km bis Wallgau folgen.

Strecke: *Zahlreiche Kuppen, Engstellen und Brücken erwarten uns auf der gebührenpflichtigen, schmalen Forststraße entlang der Isar.*

10
4 km
B11

In Wallgau an der Einmündung auf die B11 links und auf der Bundesstraße knapp 4 km durch den Ort bis zur Auffahrt auf die B2.

A Haus Hammersbach

Strecke: *Auf der B2/B23 über Garmisch-Partenkirchen 22 km bis Grainau fahren.*

ADAC Motorrad-Hotel: Ein Abstecher zur Zugspitze (ab Garmisch-Partenkirchen mit der Zahnradbahn, www.zugspitze.de) lohnt sich. Verbinden kann man ihn mit einem Aufenthalt im Haus Hammersbach in Grainau. Das bikerfreundliche Hotel ist ein guter Ausgangspunkt für Touren rund um Zugspitze und Alpspitze. Eleganter Landhausstil und bayerische Gastfreundlichkeit prägen das Haus. Überdachte Stellplätze, Trockenraum, Werkzeuge, Ersatzteile, Pannendienst, Gepäckaufbewahrung, alles ist gut auf den Motorradreisenden zugeschnitten.

Hotel Haus Hammersbach, Kreuzeckweg 2-6
82491 Grainau, Tel. 088 21/98 30,
www.haus-hammersbach.de €€

11
7 km
B2

Geradeaus und über den Zubringer auf die B2, dann 7 km bis nach Mittenwald – Endstation der Tour.

Strecke: *Schnelle, gut ausgebaute Bundesstraße entlang der Isar.*

Info: Rau und unzugänglich gibt sich das Terrain vor Mittenwald. Als stünden sie im Wettstreit mit dem Karwendel, strecken sich die mächtigen Häupter des Wettersteinmassivs in den Himmel. Von der Oberen Wettersteinspitze (2298 m) blickt man hinab in ein behäbiges, aber heiteres Stadtbild voller bunter Fassaden. Für Goethe war Mittenwald mit seinen prächtig bemalten, ehrwürdigen Bauern- und Bürgerhäusern »ein lebendiges Bilderbuch«. Hier im Ort wurde, sehr zur Freude der Besucher, das alte Kunsthandwerk der Lüftlmalerei besonders gepflegt und wird noch heute vorangetrieben (www.mittenwald.de).

Seit Generationen werden in Mittenwald Geigen hergestellt. Im sehenswerten Mittenwalder Geigenbaumuseum sind über 200 Meisterwerke hier einst oder noch heute ansässiger Geigenbaufamilien ausgestellt. In der angrenzenden Werkstatt erfährt man alles über das Geigenbauhandwerk und den aufwendigen Fertigungsprozess.

Geigenbaumuseum Mittenwald, Ballenhausgasse 3, 82481 Mittenwald,
Tel. 088 23/25 11, www.geigenbaumuseum-mittenwald.de,
Febr.–14. März, 15. Mai–14.Okt., 14.Dez.–6.Jan. Di–So 10–17 Uhr,
7.–31. Jan., 16. März–14. Mai, 15. Okt.–4.Nov. Di–So 11–16 Uhr.

E

Himmel voller Geigen: malerisches Mittenwald.

Blaue Reiter

Von München über den Kesselberg nach Bad Tölz

5

ROUTE 5 Tölzer Land – Blaue Reiter

Ⓐ **Ausgangsort**
Pullach (D-82049)

Ⓔ **Zielort**
Pullach (D-82049)

162 km ★★★★ ★★★

Straßentypen (in Prozent der Streckenlänge)

Landstraße/asphaltierte Nebenstraße	Bundesstraße/Schnellstraße
40	60

Pass-Überquerungen: 1

Diese Tour können Sie mit Route 4 kombinieren.

Tourist-Information Bad Tölz
Max-Höfler-Platz 1
D-83646 Bad Tölz
Tel. 080 41/786 70
info@bad-toelz.de
www.bad-toelz.de

(→ *weitere Adressen siehe Seite 186*)

Südlich von München liegt eine Landschaft, die nicht nur Motorradfahrer in den Sattel lockt. Die berühmte Künstlergruppe »Blaue Reiter« malte im Tölzer Land und die Männer Gottes gründeten hier sehenswerte Klöster. Nicht jeder Träger einer Kutte fährt Motorrad, doch auf Strecken wie dem Kesselberg würde auch ein Ordensmann sicher gerne Gas geben. Aus Sicherheitsgründen wurde die Kultpiste allerdings mit einem Tempolimit entschärft.

Route 5
Murnau
Staffelsee
Riegsee
Loisach
Ostersee
Seeshaupt
Bernried
Starnberger See
Tutzing
Feldafing
Starnberg
Berg
Münsing
Gauting
Würm
Penzberg
Eurasburg
Achmühle
Einsiedl
Walchen-see
Herzog-stand
1731
Kochel-see
Kesselberg
859
Top Tipp
Kochel
Walchen-see
Jochberg
1565
Ried
Benediktbeuren
Bichl
Unter-steinbach
Bad Heilbrunn
Niedernach
Vorderriß
Jachenau
Benediktenwand
1801
Blomberg
Zwieselberg
1348
1248
Sylvensteinsee
Unterherrn-hausen
Schwaig-wall
Wolfratshausen
Eben-hausen
Hohen-schäftlarn
Kloster Schäftlarn
Königsdorf
Geretsried
Egling
Unterbuchen
Isar
Jachenau
Lenggries
Bad Tölz
Mangfallgebirge
Sauerlach
Pullach
MÜNCHEN
Route
5 km
DEUTSCHLAND
BW
BY
Ulm
Augsburg
München
Rosenheim
Salzburg
Kempten
Konstanz
Lindau
Garmisch-Partenkirchen
Kufstein
Berchtesgaden
Oberstdorf
Innsbruck
SCHWEIZ
ÖSTERREICH

Tour-Stationen auf einen Blick

Tourlänge: 162 km

Nr.	Ort	PLZ	GPS-Koordinaten
A	Pullach	D-82049	N 48 03.634 E 11 30.834
02	Wolfratshausen	D-82515	N 47 54.719 E 11 25.046
03	Eurasburg	D-82547	N 47 50.953 E 11 25.461
04	Geretsried	D-82538	N 47 51.725 E 11 28.111
-	Untersteinbach	D-83670	N 47 43.820 E 11 25.895
05	Bichl	D-83673	N 47 43.251 E 11 23.992
06	Kochel am See	D-82431	N 47 39.542 E 11 22.083
07	Einsiedl	D-82431	N 47 34.153 E 11 18.129
08	Lenggries	D-83661	N 47 40.957 E 11 34.211
09	Bad Tölz	D-83646	N 47 45.704 E 11 32.510
10	Unterbuchen	D-83670	N 47 46.618 E 11 29.246
11	Königsdorf	D-82549	N 47 48.645 E 11 28.829
12	Wolfratshausen	D-82515	N 47 55.297 E 11 25.284
E	Pullach	D-82049	N 48 03.634 E 11 30.834

Die Tabelle enthält die wichtigsten Stationen der Route – ggf. wurden Orte weggelassen oder zur exakteren Navigation ergänzt; Referenzsystem der GPS-Koordinaten: WGS84

1
20 km
B11

Von Pullach auf der B11 in südliche Richtung 20 km bis nach Wolfratshausen fahren.

Strecke: *Im flotten Tempo dem Kurvenvergnügen entgegen. Die ersten Kostproben erwarten uns schon kurz vor Wolfratshausen.*

Info: Zwar soll der Bundesnachrichtendienst (BND) in den kommenden Jahren Schritt für Schritt nach Berlin umziehen, noch hat der für die Auslandsaufklärung zuständige Geheimdienst jedoch in Pullach im Isartal seinen Sitz. Ein großer Teil der technischen Einrichtungen soll auch zukünftig hier bleiben. Das BND-Gelände befindet sich östlich der S-Bahngleise an der Heilmannstraße (www.pullach.de).

In Hohenschäftlarn schlängelt sich von der B11 eine Straße Richtung Isar zum 762 gegründeten Benediktinerkloster Schäftlarn. Die herrschaftliche Freitreppe und die elegante Fassade des Klosters strahlen vornehme Zurückhaltung aus. Ein Blick ins Innere der 1733–57 neu erbauten Klosterkirche St. Dionysius offenbart jedoch himmlische Perlen des bayerischen Rokoko (www.abtei-schaeftlarn.de).

Restaurant-Tipp: Lebensfreude weltlicher Natur genießt man im sonnigen Biergarten des Gasthauses zum Bruckenfischer direkt an der Isar, nicht weit vom Kloster an der Schäftlarner Klosterbrücke.
Gasthaus zum Bruckenfischer, Dürnstein 1, 82544-Egling, Tel. 081 78/36 35.

Tipp: München

Info: Die Weltstadt mit Herz ist zu jeder Jahreszeit eine Schau. Wenn mit dem Frühling die Sonnenstrahlen kommen, erwacht die Stadt zum Leben: Tische und Stühle auf den Straßen bevölkern sich im Nu und südliches Flair breitet sich aus. Im Sommer lockt Schwabing, das ehemalige Künstlerviertel. Im Englischen Garten kann man sich in den Eisbach werfen oder im Biergarten am Chinesischen Turm schon mal für den Ernstfall trainieren. Denn lange dauert's nicht mehr, bis das Oktoberfest losgeht (www.muenchen.de).

Event-Tipp: Auch bereits im Winter fühlen sich Biker in München wohl, denn im Februar läutet die Internationale Motorradmesse IMOT auf dem Messegelände in München-Freimann die Saison ein (www.imot.de).

2

7 km

St2370

In Wolfratshausen am Obermarkt rechts auf die St2370 und 7 km über Achmühle bis Eurasburg.

Strecke: *Mit Schwung durchs liebliche Tal der Loisach.*

Restaurant- und Hotel-Tipps: Das freundliche Hotel Thalhammer in Wolfratshausen ist ein guter Ausgangspunkt für Touren ins Tölzer Land. Einen netten Biergarten bietet der Landgasthof Sprengöder Alm in Eurasburg. Dank Bergblick schmeckt die bayerische Küche hier gleich doppelt so gut. Auch Übernachtung ist möglich.

Hotel Thalhammer, Sauerlacher Straße 47d, 82515 Wolfratshausen, Tel. 081 71/421 90, www.hotel-thalhammer.de €€

Landgasthof Sprengenöder Alm, Sprengenöder Straße 4, 82547 Eurasburg, Tel. 081 79/931 00, www.sprengenoeder-alm.de €€

Event-Tipp: Die 28 km lange Isar-Floßfahrt von Wolfratshausen nach München-Thalkirchen ist eine feucht-fröhliche Riesengaudi. Diese Fahrten haben eine lange Tradition: Im 19. Jahrhundert passierten rund 10 000 Holzflöße pro Jahr die Isar (www.flossfahrt.de).

3

7 km

–

In Eurasburg links in die Unterherrnhauser Straße abbiegen. Nach 1,5 km links und 2,5 km durch Unterherrnhausen bis zum Abzweig Schwaigwall. Hier rechts, 3 km bis zur B11 bei Geretsried.

4
19 km
B11
B472

Rechts auf die B11 und 16 km über Königsdorf bis Untersteinbach bei Bichl. Hier rechts halten, 3 km auf der B11/B472 um Bichl herumfahren.

Strecke: *Der Blomberg und andere Vorboten der Alpen rücken ins Bild.*

5
9 km
B11

Hinter Bichl links in die Sindelsdorfer Straße, weiterhin auf der B11 bleiben und 9 km über Benediktbeuern bis nach Kochel am See.

Info: Das 739 gegründete, weitläufige Kloster Benediktbeuern gilt als die Keimzelle klösterlicher Kultur in Bayern. Sehenswert sind die schönen stuckierten und freskierten Säle. Die Klosterbibliothek beherbergte einst die Carmina Burana, eine Sammlung von Vagantenliedern aus dem 13. Jahrhundert, die sich heute in der Bayerischen Staatsbibliothek befindet (www.kloster-benediktbeuern.de).

Restaurant-Tipp: Im Alpengasthof Rabenkopf in Ried serviert man – anders als der Name vermuten lässt – schmackhafte altböhmische Hausmannskost und Spezialitäten aus der Wiener Küche.
Alpengasthof Rabenkopf, Kocheler Straße 23, 82431 Ried bei Kochel, Tel. 088 57/208, www.rabenkopf.de €

Die berühmte Klosterkirche Benediktbeuern.

6
17 km
B11

In Kochel links abbiegen, weiterhin dem Verlauf der B11 folgen und 17 km bis Einsiedl fahren.

TOP TIPP **Strecke:** *Die berühmte Kesselbergstrecke von Kochel zum Walchensee ist ca. 9 km lang. In vielen Kehren windet sie sich zur Passhöhe (859 m) hinauf, immer wieder gibt es Aussichtspunkte mit Blick über den Kochelsee und das Alpenvorland. Vor allem freitags tummeln sich hier die Biker. Es gilt Tempo 60 und Überholverbot. An Wochenenden ist die Strecke Richtung Walchensee für Motorräder gesperrt.*

Info: Das Walchenseekraftwerk wurde 1924 in Kochel am See in Betrieb genommen und ist mit einer installierten Leistung von 124 Megawatt noch heute eines der größten seiner Art. Als Erlebniskraftwerk kann es im Rahmen einer Führung besichtigt werden. Sehr sehenswert ist auch das Franz Marc Museum in Kochel. Hier sind bedeutende Werke des deutschen Expressionisten und Mitbegründers der Künstlergruppe »Der blaue Reiter« ausgestellt. Am Kochelsee hat Marc gelebt und gemalt – ein wahrhaft idyllischer Ort, auch wenn die Wassertemperatur selbst im Sommer selten zum Baden einlädt.

Kraftwerk Walchensee, Altjoch 21, 82431 Kochel, Tel. 088 51/772 11, www.walchensee.net, Info-Zentrum Mo–So 9-17 Uhr, Gruppenführungen Mai–Okt. Di 16 Uhr.

Franz Marc Museum, Franz-Marc-Park 8-10, 82431 Kochel, Tel. 088 51/92 48 80, www.franz-marc-museum.de, Apr.–Okt. Di–So 10–18 Uhr, Nov.–März Di–So 10–17 Uhr.

A Murnau

Strecke: *In Kochel rechts und 17 km auf der St2062 bis Murnau fahren.*

Info: Vor 100 Jahren war Murnau ein Künstlerdorf. Wassily Kandinsky, August Macke und Franz Marc kamen zum Malen, Ödön von Horváth wuchs hier auf, seine Mitbürger porträtierte er später auf der Bühne. Im Münter-Haus ist die Stimmung der Zeit erhalten geblieben (www.lenbachhaus.de).

ADAC Motorrad-Hotel: Biker mit Stil werden im Hotel Angerbräu in Murnau glücklich. Moderne Architektur verschmilzt hier mit Baustilen des 17. Jahrhunderts. Im Restaurant serviert man kühn bayerische Tapas und die hauseigene Galerie »Blaue Burg« präsentiert ambitionierte Kunstwerke.

Hotel Angerbräu, Untermarkt 44, 82418 Murnau, Tel. 088 41/62 58 76, www.angerbraeu.de €€

7
30 km
St2072

In Einsiedl links auf die St2072, nach 8 km am Ende des Walchensees bei der Einöde Niedernach rechts und 22 km über Jauchenau bis Lenggries fahren.

Strecke: *Fetzige Kurven durch das idyllische Gebirgstal Jauchenau mit großartigen Blicken auf den See. Bis Jauchenau gebührenpflichtig.*

Info: Vor und hinter Einsiedl schlängelt sich die Straße am blau-grün glitzernden Walchensee entlang, der bis zu 194 m tief ist und somit zu den tiefsten und auch größten Alpenseen Deutschlands zählt. Im Sommer kosten Segler und Surfer die oft lebhaften Thermalwinde aus und flitzen regelrecht übers Wasser. Wegen seiner ebenso idyllischen wie geheimnisvollen Aura wurde der See immer wieder gerne als Filmkulisse genutzt. Zuletzt drehte Michael Herbig hier seine Realverfilmung von »Wickie und die starken Männer«. Sechs Hütten des am See extra für den Dreh errichteten Wikingerdorfs Flake können im Ort Walchensee besichtigt werden (www.walchensee.de).

Restaurant- und Hotel-Tipp: Der Lenggrieser Hof erfreut seine Gäste mit Biergarten und frischer, authentischer bayerischer Küche. Übernachten kann man in zweckmäßigen Fremdenzimmern.

Alpengasthof Lenggrieser Hof, Münchner Straße 3, 83661 Lenggries, Tel. 080 42/505 60, www.lenggrieser-hof.de €

Schöner Blick, abwechslungsreiche Fahrt: In den Kurven am Walchensee kommt Freude auf.

8
9 km
St2072

In Lenggries im Kreisel die 2. Ausfahrt auf die Wackersberger Straße (St2072) nehmen, dann 9 km bis Bad Tölz – in den Ort hinein.

***Strecke:** Die ruhigere Nebenstraße links der Isar ist die angenehmere Alternative zur parallel verlaufenden B13.*

Info: Die Entdeckung gesundheitsfördernden Quellwassers und einer Jodquelle bescherte Bad Tölz im 19. Jahrhundert wirtschaftliche Blüte. Heute verbindet das Erlebnisbad Alpamare mit seinen gigantischen Wasserrutschen Wellness und Badespaß. Aber auch ohne Bäderkultur ging es dem heiteren Städtchen Bad Tölz eigentlich schon immer recht gut, denn der Ort profitierte von seiner günstigen Lage an der Salzstraße und der Isar mit ihrer Flößerei.

Alpamare, Ludwigstraße 14, 83646 Bad-Tölz, Tel. 080 41/50 99 99, www.alpamare.de

Restaurant- und Hotel-Tipp: Mitten in der Altstadt von Bad Tölz liegt das Posthotel Kolberbräu. Die Außenterrasse des Hauses mit Blick auf die Alpen befindet sich direkt in der Marktstraße. Hier parkt man gerne sein Motorrad und lässt sich vom Küchenchef mit regionalen und internationalen Gerichten verwöhnen. Für die Nacht ist man in schönen Zimmern untergebracht, das Bike kommt in die Garage.

Posthotel Kolberbräu, Marktstraße 29, 83646 Bad Tölz, Tel. 080 41/768 80, www.kolberbraeu.de €€

Tipp: Blombergbahn

Info: Schräglagenspaß mal anders: 17 Steilkurven und eine Streckenlänge von insgesamt 1250 m bietet die Sommerrodelbahn am Blomberg. Man erreicht sie bequem mit dem Sessellift, die Talstation liegt an der B472 zwischen Bad Tölz und Bad Heilbrunn.

Blombergbahn, Am Blomberg 2, Am Blomberg 2, 83646 Bad Tölz, Tel. 080 41/37 26, www.blombergbahn.de

Charmanter Kurort an der Isar: Bad Tölz.

9 *7 km* – St2064

In Bad Tölz im Kreisel an der Isarbrücke die 2. Ausfahrt nehmen, dann gleich rechts in die Königsdorfer Straße abbiegen. Nach 1 km links in die Wilhelm-Dusch-Straße, kurz darauf rechts auf die St2064 und 6 km bis Unterbuchen.

Strecke: *Reizvolle Kurven in Bilderbuchlandschaft.*

10 *4 km* St2064

In Unterbuchen rechts abbiegen, weiterhin auf der St2064 und 4 km bis zur B11 bei Königsdorf fahren.

Strecke: *Motorradwandern auf kleinen Straßen.*

11 *13 km* B11

Rechts auf die B11 und der Bundesstraße 13 km durch Königsdorf nach Wolfratshausen folgen.

12 *20 km* B11

In Wolfratshausen links über die Loisachbrücke. Weiterhin auf der B11 bleiben, 20 km in Richtung München bis zum Ausgangspunkt Pullach fahren.

Ein typisches Bild für die bayerischen Voralpen: weiß-blauer Himmel, braun-weißes Fleckvieh – dazu eine herrliche, sanft geschwungene Bergkulisse.

6

Oasen bayerischen Glücks

Fünfseenland, Ammersee, Starnberger See

Ⓐ **Ausgangsort**
München (D-81214)

Ⓔ **Zielort**
München (D-81214)

168 km ★★★★ ★★★

Straßentypen (in Prozent der Streckenlänge)

80 | 18 | 2

- Landstraße/asphaltierte Nebenstraße
- Bundesstraße/Schnellstraße
- Autobahn

Diese Tour können Sie mit Route 7 kombinieren.

Tourismusverband Starnberger Fünf-Seen-Land
Wittelsbacherstraße 2c
D-82319 Starnberg
Tel. 081 51/906 00
info@sta5.de
www.sta5.de

(→ *weitere Adressen siehe Seite 186*)

Vor den Toren Münchens im Angesicht der Bayerischen Voralpen liegt eine saftig-grüne, schillernde Seenlandschaft, in deren Mitte sich würdevoll der »Heilige Berg« mit dem Kloster Andechs erhebt. Kurvenspaß und gemütliches Motorradwandern, Baden oder Kulturgenuss auf den Spuren von Kaiserin Sisi und König Ludwig II. – den Reiz dieser Tour macht vor allem ihre Vielseitigkeit aus, bei der jeder Biker auf seine Kosten kommt.

Route 6
MÜNCHEN
Pasing
Gräfelfing
Planegg
Gauting
Leutstetten
Starnberg
Berg
Possenhofen
Feldafing
Tutzing
Bernried
Seeshaupt
Weilheim in Oberbayern
Pähl
Fischen
Raisting
Dießen
Riederau
Utting
Schondorf
Schlagenhofen
Inning
Wörthsee
Seefeld
Drößling
Perchting
Wieling
Traubing
Andechs
Kloster Andechs
Herrsching
Top Tipp
Ilkahöhe 728
Münsing
Oberambach
Wolfratshausen
Schäftlarn
Grünwald
Taufkirchen
Ottobrunn
Holzkirchen
Geretsried
Königsdorf
Schindelberg 805
Germering
Gilching
Grafrath
Türkenfeld
Landsberg a. Lech
Pürgen
Altenstadt
Schongau
Peiting
Peißenberg
Peißenberg 987
Bayern
Ammersee
Pilsensee
Wörthsee
Starnberger See
Ostersee
Amper
Ammer
Würm
Isar
Loisach
Lech
A8
A95
A952
A96
A99
A995
B2
B2n
B11
B13
B17
B471
B472
St2055
St2056
St2057
St2058
St2063
St2064
St2065
St2066
St2067
St2070
St2072
St2348
N
Route
5 km
DEUTSCHLAND
BY
BW
ÖSTERREICH
SCHWEIZ
Ulm
Augsburg
München
Rosenheim
Salzburg
Konstanz
Lindau
Kempten
Garmisch Partenkirchen
Berchtesgaden
Kufstein
St. Gallen
Innsbruck

Tour-Stationen auf einen Blick

Tourlänge: 168 km

Nr.	Ort	PLZ	GPS-Koordinaten
Ⓐ	München-Pasing	D-81241	N 48 07.579 E 11 26.887
02	Starnberg	D-82319	N 48 00.128 E 11 20.944
03	Wieling	D-82340	N 47 57.267 E 11 16.125
04	Feldafing	D-82340	N 47 56.992 E 11 17.927
05	Tutzing	D-82327	N 47 54.574 E 11 16.824
06	Seeshaupt	D-82402	N 47 49.608 E 11 17.764
07	Weilheim	D-82362	N 47 50.327 E 11 08.667
08	Traubing	D-82327	N 47 56.799 E 11 15.687
09	Andechs	D-82346	N 47 57.859 E 11 10.618
10	Dießen	D-86911	N 47 56.880 E 11 06.200

Nr.	Ort	PLZ	GPS-Koordinaten
11	Schondorf	D-86938	N 48 03.269 E 11 05.362
13	Inning	D-82266	N 48 04.217 E 11 08.799
14	Schlagenhofen	D-86911	N 48 02.573 E 11 10.451
15	Wörthsee	D-82237	N 48 03.798 E 11 12.090
16	Seefeld	D-82229	N 48 02.507 E 11 12.623
17	Herrsching	D-82211	N 47 59.959 E 11 10.878
18	Drößling	D-82229	N 48 01.283 E 11 13.722
19	Perchting	D-82319	N 48 00.051 E 11 16.299
20	Starnberg	D-82319	N 47 59.797 E 11 20.296
Ⓔ	München-Pasing	D-81241	N 48 07.579 E 11 26.887

Die Tabelle enthält die wichtigsten Stationen der Route – ggf. wurden Orte weggelassen oder zur exakteren Navigation ergänzt; Referenzsystem der GPS-Koordinaten: WGS84

1 Ⓐ
18,5 km
St2036

Von der Abfahrt München-Pasing (A96) 18,5 km auf der St2063 über Gauting bis nach Starnberg.

Strecke: *Vor Starnberg schöne, kurvige Passagen.*

2
8,5 km
B2

In Starnberg rechts auf die B2, der Bundesstraße 8,5 km durch die Stadt bis Wieling folgen.

Strecke: *Verkehrsreiche Bundesstraße mit lang gezogenen Kurven.*

Info: Edelboutiquen, Wassersportclubs und die Uferpromenaden bestimmen das Stadtbild von Starnberg. Schön ist der alte Starnberger Bahnhof. Er liegt, mit Blick auf den Dampfersteg, direkt am See.

3
2,5 km
–

Im kleinen Ort Wieling von der B2 links abbiegen, dann 2,5 km auf der Wielinger Straße bis Feldafing.

Strecke: *Auf schmaler Straße durch ein Waldgebiet.*

Restaurant- und Hotel-Tipp: Die Wildgerichte sind im Gasthof Zur Linde in Wieling besonders lecker. Man kann auch übernachten.
Gasthof Zur Linde, Wieling 5, 82340 Feldafing, Tel. 081 57/93 31 80, www.linde-wieling.de €€

Der Starnberger See mit Alpenpanorama.

4

5,5 km

St2063

In Feldafing rechts über den Bahnübergang, dann über die Johann-Biersack-Straße links in die Bahnhofstraße einbiegen. Nach 200 m rechts auf die Tutzinger Straße (St2063) und 5 km bis Tutzing.

Info: Possenhofen, etwas nördlich von Feldafing, hat einen schönen Badeplatz im alten Parkgelände des Schlosses. Auf Schloss Possenhofen verbrachte Sisi, die spätere Kaiserin von Österreich, ihre Kindheit. Das Schlossgelände selbst kann nicht betreten werden. Ansehen sollte man sich auch den hübschen Ortskern von Possenhofen.

Tutzing mit seinen ansehnlichen Villen und dem Schlosspark im englischen Stil hat sich seine Beschaulichkeit erhalten. Es bietet idyllische Badeplätze. Von der südwestlich gelegenen Ilkahöhe (728 m) hat man einen herrlichen Blick über den See bis zu den Alpen.

Restaurant-Tipp: Den Wolken so nah! Der ehemalige Gutshof Forsthaus Ilkahöhe auf der Ilkahöhe besticht durch seine bayerische Küche und seinen idyllischen Biergarten. Wahrlich himmlisch ist aber der Blick von hier oben über den Starnberger See und auf die Berge.

Forsthaus Ilkahöhe, Oberzeismering 2, 82327 Tutzing, Tel. 081 58/82 42, www.ilkahoehe.de, Mi–So ab 12 Uhr.

Tipp: Ostufer Starnberger See

Restaurant- und Hotel-Tipp: Schlossgut Oberambach ist ein schmuckes Landhotel hoch über dem Ostufer des Starnberger Sees. Ökologische Grundsätze und die Feng-Shui-Lehre standen bei der Renovierung Pate. Das Essen wird mit Produkten aus kontrolliert-biologischem Anbau liebevoll zubereitet. Ein wunderbarer Ort zum Genießen und Übernachten.

Schlossgut Oberambach, Oberambach 1, 82541 Münsing, Tel. 081 77/93 23, www.schlossgut.de €€€

Event-Tipp: Am 13. Juni 1886 ertrank König Ludwig II. unter ungeklärten Umständen im Starnberger See. Im Dorf Berg erinnern Votivkapelle und Gedenkkreuz an die Tragödie. Immer noch treffen sich hier Königstreue, um des »Kini« zu gedenken.

5
12 km
St2063

Geradeaus durch Tutzing, auf der St2063 bleiben und 12 km – über Bernried – bis Seeshaupt.

Strecke: *Am Westufer des Starnberger Sees entlang mit Blick auf den See und die Alpen. Mehrere Ortsdurchfahrten, aber auch freie Passagen.*

Info: Alte Holzbauernhäuser, Alleen und Obstgärten machen Bernried zu einem der bezauberndsten Orte am Starnberger See. Im Kontrast dazu steht das moderne Museum der Fantasie. Der 2007 verstorbene Sammler und Schriftsteller Lothar Günther Buchheim hat die hier präsentierte Schau zusammengetragen: Bedeutende expressionistische Kunst – von Brücke-Künstlern über den Blauen Reiter bis zu Beckmann und Dix – mischen sich mit Kuriositäten und Kitsch.

Buchheim-Museum (Museum der Fantasie), Am Hirschgarten 1, 82347 Bernried, Tel. 081 58/997 00, www.buchheimmuseum.de, Apr.–Okt. Di–So 10–18 Uhr, Nov.–März 10–17 Uhr.

6
13 km
St2064

Vor Seeshaupt rechts auf die St2064, der Straße 13 km bis Weilheim in Oberbayern folgen.

Info: Südlich von Seeshaupt liegen die verträumten Osterseen – ein Geheimtipp für alle Naturliebhaber! Wie Solitäre glitzern die kleinen Seen und Weiher zwischen Mulden, Buckeln und Waldeshöhen.

Blütenpracht im Fünfseenland.

7
16 km
B2

In Weilheim rechts auf die B2 und 16 km bis nach Traubing – den Ort auf der Bundesstraße umfahren.

Strecke: *Flotte Fahrt auf gut ausgebauter Bundesstraße.*

8
7 km
–
St2067

Am Ortsende von Traubing scharf links auf die Starnberger Straße, dann rechts halten und 7 km auf der St2067 durch Traubing bis Andechs.

Strecke: *Einige elegante Kurven lassen Bikerherzen höher schlagen.*

Top Tipp

Info: Seit 1455 erhebt sich stolz und würdevoll das Benediktinerkloster Andechs auf dem Heiligen Berg am Ammersee. Ebenso lange existiert auch die angeschlossene Klosterbrauerei. Bis heute ist Kloster Andechs eine der bedeutendsten Wallfahrtskirchen Deutschlands und wird jährlich von Tausenden von Pilgern besucht.

Kloster Andechs, Bergstraße 2, 82346 Andechs, www.andechs.de

Restaurant-Tipp: Gottes Herrlichkeit auf Erden offenbart sich, wenn man im Biergarten des Klosters Platz genommen hat, ein frisches Maß Andechser Bier genießt und sich von der Klosterküche mit Radi, Obazdem, frischen Brezen und Kartoffelsalat verwöhnen lässt.

Andechser Klostergaststätten, Bergstraße 2, 82346 Andechs, Tel. 081 52/930 90, tgl. 10–22 Uhr.

Anmutig ragt der Turm der Andechser Klosterkirche in den Himmel.

9
11 km
St2067
St2056

In Andechs der St2067 nach links folgen, nach 1 km links abbiegen und 10 km auf der St2056 – über Fischen – nach Dießen.

Strecke: *Reizvolle Landstraße durchs Ammerdelta.*

Info: Südlich vom Ammersee befindet sich die Erdfunkstelle Raisting, dessen gigantische weiße Antennenschüsseln sich wie Pilze aus dem Boden erheben. Führungen sind nach Anmeldung möglich.

Führungen: Tel. 08 81/26 91, www.raisting.de/erdfunkstelle.html

10
13 km
St2055

In Dießen geradeaus und 13 km auf der St2055 in Richtung Riederau/Utting bis Schondorf fahren.

Strecke: *Am Westufer des Sees entlang, dann durch Wiesen und Flure.*

Info: Das Marienmünster in Dießen ist eine Perle des bayerischen Rokoko. Wie im Himmel fühlt man sich beim Anblick der Deckenfresken im östlichen Langhaus der Kirche. Eine ständige Ausstellung moderner Dießener Künstler ist im Pavillon am See zu besichtigen.

Pavillon am See, Seestraße 30, 86911 Dießen, Tel. 088 07/84 00, www.diessener-kunst.de, Mo–So 11–18 Uhr, Nov.–Dez. Fr 14–17, Sa+So 11–17 Uhr.

11
2,5 km
St2055

Geradeaus durch Schondorf, weiterhin auf der St2055 und 2,5 km bis zur Autobahn A96.

Info: Der ländliche Ammersee bietet schöne Promenaden und seichte Badestellen. Früher wurde er »Bauernsee« genannt, weil hier vor allem Bauern, Fischer und einfache Leute lebten.

12
5 km
A96
St2067

Jetzt rechts auf die A96 Richtung München auffahren, nach 4,5 km bei Inning abfahren. Dann links auf der St2067 durch Inning fahren.

Strecke: *Ein kurzes Stück Autobahn am Nordende des Ammersees.*

Restaurant- und Hotel-Tipp: Im zünftigen Gasthof Zur Post in Inning fühlen sich auch Motorradfahrer wohl. Parkplatz für Bikes.

Gasthof Zur Post, Münchner Straße 2, 82266 Inning, Tel. 031 43/99 19 84, www.gasthofzurpost-inning.de €

13
4 km
St2070

Hinter Inning im Kreisverkehr die 2. Ausfahrt auf die St2070 nehmen, der Straße 4 km folgen.

Strecke: *Auf schmalen Straßen um den Wörthsee bummeln.*

Grüne Wiesen zwischen den Seen.

14 *3,5 km* –

Hinter Schlagenhofen links abbiegen, 3,5 km auf kleiner Straße bis Wörthsee – in den Ort.

Strecke: *Weiter am Ostufer des Wörthsees entlang.*

Info: Der Wörthsee ist Bayerns wärmster Badesee. Auf der Insel, nach der der See benannt wurde, steht ein einsames Schlösschen.

15 *2,5 km* St2348

In Wörthsee rechts auf die St2348 und 2,5 km in Richtung Seefeld.

16 *5,5 km* St2068

An der T-Kreuzung vor Seefeld rechts und 5,5 km auf der St2068 nach Herrsching am Ammersee fahren.

Strecke: *Führt teilweise direkt am Pilsensee entlang.*

Restaurant-Tipp: Das Mühlfelder Brauhaus in Herrsching bietet gehobene ländliche Küche und moderne Gerichte sowie hauseigene Bierspezialitäten in urig-gemütlicher Atmosphäre mit Biergarten. Jeden Donnerstag gibt es Führungen durch die Brauerei.

Landgasthof Mühlfelder Brauhaus, Mühlfeld 13, 82211 Herrsching am Ammersee, Tel. 081 52/993 49 40, www.muehlfelder-brauhaus.de, Mo-So ab 11 Uhr.

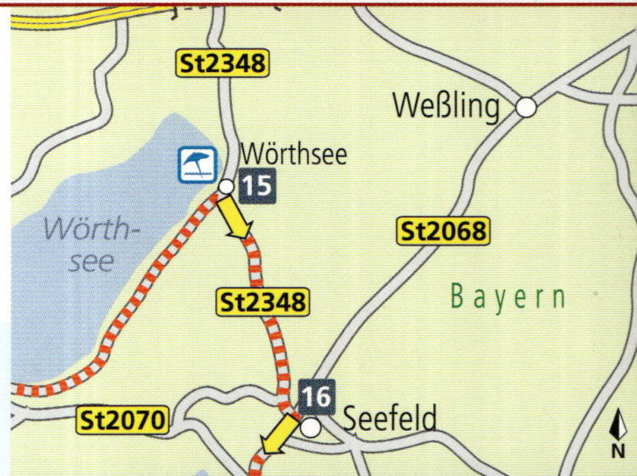

Auch die Möwen fühlen sich am Ammersee wohl.

17
6 km
–

Nach der Ortseinfahrt Herrsching scharf links und 6 km über Frieding bis Drößling.

Strecke: *Serpentinenstück bergan.*

Info: Herrsching liegt an einer sehr schönen Bucht des Ammersees und ist ein Mekka für Wasserratten und Wassersportler.

18
5 km
St2070

In Drößling rechts auf die St2070 abbiegen und der Straße 5 km bis Perchting folgen.

Strecke: *Nach so viel »Seefahrt« wieder Wald und Kurven.*

19
6 km
St2070

In Perchting links, weiterhin auf der St2070 und 6 km bis Starnberg.

Info: Lust auf eine außergewöhnliche Rundfahrt? Das Programm der Bayerischen Seen-Schifffahrt reicht von der Mondschein- über die Schlager- bis zur Gourmetkreuzfahrt (www.seenschifffahrt.de).

20
21 km
B2
St2063

In Starnberg links auf die B2 (später St2063) und 21 km auf bekanntem Weg zurück nach München.

Abschied vom Starnberger See.

Biken, Beten, Baden

Durch den Pfaffenwinkel bis ins Ammergebirge

ROUTE 7 Pfaffenwinkel – Biken, Beten, Baden

Ⓐ **Ausgangsort**
Schongau (D-86956)

Ⓔ **Zielort**
Schongau (D-86956)

168 km ★★★★ ★★★

Straßentypen (in Prozent der Streckenlänge)

35 | 65

- Landstraße/asphaltierte Nebenstraße
- Bundesstraße/Schnellstraße

Pass-Überquerungen: 1

Diese Tour können Sie mit Route 6 und 8 kombinieren.

Tourismusverband Paffenwinkel
Bauerngasse 5
D-86952 Schongau
Tel. 088 61/77 73
info@pfaffenwinkel.de
www.pfaffen-winkel.de

(➔ *weitere Adressen siehe Seite 186*)

Mit Handtuch und Badehose in der Packtasche geht es von Schongau durch den Pfaffenwinkel zum Ammer- und Walchensee. Wunderschöne Kurvenstraßen führen durch eine harmonische Wald- und Wiesenlandschaft und reizvolle Uferstraßen machen das Glück vollkommen. Ebenso oft wie zum Baden bietet sich Gelegenheit, ein Kloster zu besichtigen. Das lohnt sich nicht nur, weil es dort so manch herrliches Gebräu zu probieren gibt.

Route 7
Schongau
Steingaden
Peiting
Apfeldorf
Rott
Wessobrunn
Paterzell
Zellsee
Peißenberg
Dießen
Utting
Ammersee
Fischen
Andechs
Herrsching
Weilheim
Pfaffenwinkel
Tutzing
Seeshaupt
Starnberger See
Osterseen
Penzberg
Bichl
Benedikt-beuren
Kochel
Kochelsee
Walchensee
Kesselberg
Herzogstand 1731
Großweil
Top Tipp Freilichtmuseum an der Glentleiten
Riegsee
Murnau
Staffelsee
Bayern
Loisach
Oberau
Farchant
Garmisch Partenkirchen
Partnach
Partnachklamm
Ettal
Oberammergau
Graswang
Linderhof
Notkarspitze 1889
Ammergauer Alpen
Hohe Bleick 1638
Kreuzspitze 2185
Bad Bayersoien
Echelsbacher Brücke
Rottenbuch
Deutsche Alpenstraße
Ammer
Lech
DEUTSCHLAND
ÖSTERREICH
Tirol
Wettersteingebirge
Zugspitze 2962
Eibsee
Grainau
Alpspitze 2628
Krottenkopf 2086
Hoher Kranzberg 1390
Klais
Mittenwald
Krün
Wallgau
Isar
Westliche Karwendelspitze 2385
Soiernspitze 2557
Niedernach
Vorderriß
B17
St2055
B23
B472
St2057
St2064
B2
St2062
B11
St2063
A95
A96
171
Route
10 km
N
DEUTSCHLAND
BW
BY
Ulm
Augsburg
München
Rosenheim
Salzburg
Konstanz
Lindau
Kempten
Garmisch-Partenkirchen
Kufstein
Berchtesgaden
Oberstdorf
Innsbruck
SCHWEIZ
ÖSTERREICH

Tour-Stationen auf einen Blick

Tourlänge: 168 km

Nr.	Ort	PLZ	GPS-Koordinaten
A	Schongau	D-86956	N 47 48.886 E 10 53.635
02	Schongau	D-86956	N 47 48.342 E 10 52.087
03	Peiting	D-86971	N 47 46.685 E 10 56.130
04	Oberammergau	D-82487	N 47 35.999 E 11 02.911
05	Oberau	D-82496	N 47 33.348 E 11 08.218
06	Garmisch-Partenk.	D-82467	N 47 29.581 E 11 06.396
07	Krün	D-82494	N 47 29.891 E 11 16.663
08	Kochel am See	D-82431	N 47 39.581 E 11 22.147
09	Bichl	D-83673	N 47 43.019 E 11 24.792
10	Penzberg	D-82377	N 47 45.126 E 11 22.544

Nr.	Ort	PLZ	GPS-Koordinaten
11	Seeshaupt	D-82402	N 47 49.604 E 11 17.732
12	Weilheim	D-82362	N 47 50.518 E 11 08.496
13	Rott	D-86935	N 47 53.995 E 10 58.418
14	Apfeldorf	D-86974	N 47 53.718 E 10 55.707
15	Kinsau	D-86981	N 47 52.741 E 10 53.547
E	Schongau	D-86956	N 47 48.886 E 10 53.635

Die Tabelle enthält die wichtigsten Stationen der Route – ggf. wurden Orte weggelassen oder zur exakteren Navigation ergänzt; Referenzsystem der GPS-Koordinaten: WGS84

1
3 km
–

In Schongau auf der Marktoberdorfer Straße 3 km bis zur Auffahrt auf die B17/B472 fahren.

Info: Ein Bummel durch das schmucke Schongau mit seinen bunten Steilgiebelhäusern lohnt sich auf jeden Fall. Sehenswert sind das Ballenhaus (1515) und die großteils erhaltene mittelalterliche Stadtbefestigung. Die Stadt gilt als Herzstadt des Pfaffenwinkels – so bezeichnet der Volksmund liebevoll das Gebiet zwischen Lech und Ammer. Der Name spielt auf die vielen Kirchen und Klöster an, die hier im Laufe der Jahrhunderte errichtet wurden (www.schongau.de).

Restaurant- und Hotel-Tipp: Ruhig an einem Waldstück in Schongau liegt das moderne Hotel Holl. Der Chef des Hauses fährt selbst Motorrad und gibt seinen Gästen gerne Tourentipps. Die Speisekarte des Restaurants dominieren Gerichte mit italienischem Einschlag.

Hotel Holl, Altenstädter Straße 39, 86956 Schongau, Tel. 088 61/233 10, www.hotel-holl-schongau.de €€

2
7 km
B472

Jetzt rechts und über den Zubringer rechts auf die B472 Richtung Peiting auffahren, dann 7 km bis zur Kreuzung mit der B23 bei Peiting.

Strecke: Weiträumige Umgehung von Schongau und Peiting.

3
25 km
B23

Bei Peiting rechts auf die B23 auffahren und über Rottenbuch 25 km bis zur Ausfahrt Oberammergau.

Strecke: *Auf der B23, hier Teilstück der Deutschen Alpenstraße, zügig durch den reizvollen Pfaffenwinkel ins Ammergauer Becken.*

Info: Wer schwindelfrei ist, sollte zwischen Rottenbuch und Bad Bayersoien an der Echelsbacher Brücke anhalten und den eindrucksvollen Blick nach unten in die 76 m tiefe Ammerschlucht riskieren. In Oberammergau angekommen, erwartet uns ein blitzsauberer und freundlicher Ort, der vor allem durch das hier seit dem 16. Jahrhundert kultivierte und perfektionierte Schnitzhandwerk bekannt geworden ist. Auch die vielen prächtigen, teilweise illusionistischen Lüftlmalereien locken die Touristen an. Die der Freskenmalerei ähnliche Technik geht auf den Oberammergauer Maler Franz Seraph Zwinck (1748–92) zurück und hatte ihre Blüte im 18. Jahrhundert. Viele Häuser in der Dorfstraße wurden von Zwinck selbst bemalt (www.oberammergau.de).

ADAC Motorrad-Hotel: Im bayerischen Ambiente des Turmwirts in Oberammergau sind Biker besonders willkommen. Sie genießen den Komfort großzügiger Zimmer und im Restaurant saisonale Spezialitäten. Parkplatz, Trockenraum und Werkzeug stehen zur Verfügung.
Hotel Turmwirt, Ettaler Straße 2, 82487 Oberammergau, Tel. 088 22/926 00, www.turmwirt.de €€

Farbenfrohe Fassaden in Oberammergau.

Tipp: Camping Oberammergau

Info: Wer gerne im Zelt übernachtet, ist im überwiegend geschotterten Oberammergau Campingpark am südlichen Ortsrand gut aufgehoben. Die Anlage ist in sehr gutem Zustand – insbesondere die sanitären Einrichtungen.
Campingpark Oberammergau, Ettaler Straße 56b, 82487 Oberammergau, tel. 088 22/941 05, www.campingpark-oberammergau.de

4
11 km
B23

Geradeaus auf der B23 bleiben und an Oberammergau vorbei 11 km über Ettal bis Oberau fahren.

Strecke: *Vom Ettaler Sattel geht es in knackigen Kurven talwärts.*

Info: Eingerahmt von den felsigen Gipfeln des Ammer- und Estergebirges im hochgelegenen Talgrund der Ammer erhebt sich majestätisch der barocke Kuppelbau der Klosterkirche von Ettal, deren Gründung 1330 auf Kaiser Ludwig IV. zurückgeht. Noch beeindruckender als von außen wirkt das opulente Innere der Basilika. Allein das berühmte Kuppelfresko zeigt 400 Figuren – hier verliert sich das Auge buchstäblich im farbenfrohen Gewimmel. Im Benediktinerkloster wird neben Bier und Käse auch der bittere Ettaler Klosterlikör hergestellt, dem man eine heilsame Wirkung nachsagt. Ein Fläschchen für die Gesundheit darf unbeschadet in den Tankrucksack wandern.

Benediktinerabtei Kloster Ettal, Kaiser-Ludwig-Platz 1, 82488 Ettal, Tel. 088 22/740, www.kloster-ettal.de

Restaurant- und Hotel-Tipp: Mit einer Mischung aus bayerischen und mediterranen Stilelementen empfängt das Ettaler Hotel zur Post seine Gäste. Im Restaurant werden auch anspruchsvollere Gaumen zufriedengestellt. Biker finden eine Garage und einen Trockenraum vor.

Hotel zur Post, Kaiser-Ludwig-Platz 18, 82488 Ettal, Tel. 088 22/35 96, www.posthotel-ettal.de €€

Gewaltiges Gotteshaus: Kloster Ettal.

Tipp: Erlebnisbad »WellenBerg«

Info: Im »WellenBerg« in Oberammergau kann man bei angenehmen Wassertemperaturen die Seele baumeln lassen. Das moderne Freizeitzentrum bietet ein Frei- und Hallenbad sowie Heißwassersprudelbecken, Rutschen, Sauna und Restaurant.

WellenBerg, Himmelreich 52, 82487 Oberammergau, Tel. 088 22/923 60, Mo–So 10–21 Uhr.

5
8 km
B2

In Oberau rechts auf die B2 abbiegen und auf der Bundesstraße 8 km bis Garmisch-Partenkirchen.

Strecke: *Oft lebhafter Transitverkehr. Der imposante Karwendel und das Wettersteingebirge tauchen jetzt hinter der bislang noch sanft gekuppten Voralpenlandschaft auf.*

Info: Der Luftkurort Garmisch-Partenkirchen ist seit der Winterolympiade 1936 in der ganzen Welt bekannt, bietet aber auch für Sommergäste einige Attraktionen. So kann man von Garmisch-Partenkirchen die Zugspitze, Deutschlands höchsten Berg, erobern. Mit der Zahnradbahn oder, ab Eibsee, mit der Seilbahn geht es ganz hinauf auf den Gipfel, von dem man in 2962 m Höhe an klaren Tagen einen grandiosen Blick auf Bayern, Tirol und bis hinein nach Italien hat.
Bayerische Zugspitzbahn Bergbahn AG, Olympiastraße 27,
82467 Garmisch-Partenkirchen, Tel. 088 21/79 70, www.zugspitze.de

Restaurant- und Hotel-Tipp: Ein Tipp unter Motorradfahrern ist das preisgünstige und zentral gelegene Hotel Alpenkranz in Garmisch-Partenkirchen. Für die Maschinen gibt es einen absperrbaren, überdachten Einstellplatz sowie Trockenraum und Reinigungsmöglichkeit, für die Fahrer ein Partnerprogramm für motorradfreie Tage.
Hotel Alpenkranz, Angerstraße 7, 82467 Garmisch-Partenkirchen, Tel. 088 21/42 17,
www.alpenkranz-garmisch-partenkirchen.de €

Tipp: Partnachklamm

Strecke: *Vor dem Ortsausgang Garmisch-Partenkirchen rechts in die Wildenauer Straße abbiegen, ca. 1,5 km fahren.*

Info: Die Partnachklamm ist eines der schönsten Naturdenkmäler Bayerns. Die bis zu 80 m tiefe Schlucht kann auf einer Länge von 700 m durchquert werden. Dazu mussten Stollen und Durchgänge in die Felswände gesprengt werden (www.partnachklamm.eu).

Beklemmend schön: die Partnachklamm.

6
15 km
B2

Weiter geradeaus auf der B2 durch Garmisch und 15 km über Klais bis zur Abfahrt bei Krün.

Strecke: *Zügige Fahrt durch das Werdenfelser Land.*

7
26 km
B11

Hier rechts über die Schlaufe auf die B11 und 26 km über Wallgau und Walchensee nach Kochel fahren.

Strecke: *Landschaftlich wie fahrtechnisch ein besonderer Genuss. Die Straße am Westufer des Walchensees schlängelt sich dem Kesselberg entgegen. Von Einsiedl/Walchensee kann die Kesselbergstrecke auch an Wochenenden und Feiertagen befahren werden. Auf halbem Weg sollte man an der Aussichtskehre haltmachen.*

Top Tipp **Info:** Das größte und auch schönste bayerische Freilichtmuseum findet sich in der Nähe des Kochelsees, oberhalb von Großweil. Alte Bauernhöfe, Handwerkshäuser, Mühlen, Kapellen und andere Gebäude aus ganz Bayern wurden hier zusammengetragen, auf engstem Raum wieder aufgebaut und originalgetreu eingerichtet – eine spannende Reise in die bayerisch-alpenländische Geschichte.

Freilichtmuseum an der Glentleiten, An der Glentleiten 5, 82439 Großweil, Tel. 088 51/18 50, www.glentleiten.de, März– Anfang Nov. Di–So 9–18 Uhr, Juli/Aug. Mo–So 9–18 Uhr.

8

8 km

B11

In Kochel rechts halten, um auf der B11 zu bleiben, und der Bundesstraße 8 km bis Bichl folgen.

Info: Im Erlebnisbad trimini in Kochel werden verspannte Muskeln wieder geschmeidig. Und der Spaß kommt dabei auch nicht zu kurz: Eine 90 m lange Hochgeschwindigkeitsrutsche mit 9 m Höhenunterschied und acht Kurven sorgt für Nervenkitzel. Vom Außenbecken – auch hier mit Rutsche – hat man einen tollen Blick auf die Berge.

Erlebnisbad trimini, Seeweg 2, 82431 Kochel am See, Tel. 088 51/53 00, www.trimini.de

Benediktiner gibt es heute nicht mehr im 739 gegründeten Kloster Benediktbeuern, das im Zuge der Säkularisation im frühen 19. Jahrhundert aufgelöst wurde. Seit 1930 leben im Kloster Salesianer des Don Bosco, die hier auch zwei Hochschulen betreiben. Eine Hinterlassenschaft des Benediktinerordens war jedoch eine Handschrift des berühmten Benediktbeurer Liederzyklus »Carmina Burana« aus dem 13. Jahrhundert, die den Münchner Komponisten Carl Orff in den 1930er-Jahren zu seinem bekannten gleichnamigen Chorwerk inspirierte. Die Handschrift befindet sich heute in der Bayerischen Staatsbibliothek in München. Sehenswert ist die einstige Klosterkirche St. Benedikt mit ihrer üppigen Stuckausstattung und den Deckengemälden von Hans Georg Asam (www.kloster-benediktbeuern.de).

Morgenstimmung am Kochelsee.

A Hotel Angerbräu

Strecke: *In Kochel links, 17 km auf der St2062 bis Murnau fahren.*

ADAC Motorrad-Hotel: Der Umweg nach Murnau lohnt sich für Biker, die eine motorradfreundliche Unterkunft suchen. Das Hotel Angerbräu mit seiner außergewöhnlichen Architektur wendet sich an stilbewusste Tourenfahrer. Parkplätze gibt es direkt vorm Haus, bei Voranmeldung auch in der Garage.

Hotel Angerbräu, Untermarkt 44, 82418 Murnau, Tel. 088 41/62 58 76, www.angerbraeu.de €€

9
6 km
St2063

Rechts nach Bichl abfahren, 1 km auf der Kocheler und Penzberger Straße (St2063) durch den Ort, dann rechts halten und 5 km nach Penzberg.

10
12 km
St2063

Geradeaus durch Penzberg, auf der St2063 bleiben und 12 km bis Seeshaupt am Starnberger See.

Strecke: *Mit Schwung zwischen den Osterseen hindurch.*

Info: Die Osterseen sind ein abgeschiedenes, kleines Badeparadies. In der Eiszeit entstanden zwischen den Mulden und Buckeln südlich des Starnberger Sees 21 größere und kleinere Gewässer.

11
13 km
St2064

In Seeshaupt links auf die Weilheimer Straße (St2064) und 13 km bis Weilheim – in die Stadt.

Info: Hinter Zellsee zweigt links eine Straße zum 4 km entfernten Paterzell ab. Hier wächst einer der wenigen Eibenwälder Europas. Eiben sehen so aus, wie Kinder Tannenbäume malen, und können sehr alt werden. Die über 2000 Bäume des Paterzeller Eibenwalds werden auf rund 500 Jahre geschätzt. Damals wurde das elastische Eibenholz gerne zur Herstellung von Pfeil und Bogen verwendet.

Mit Gottes Segen durch den Pfaffenwinkel.

12
17 km
B2
St2057

In Weilheim rechts auf die B2, dann links auf den Mittleren Graben, rechts in die Münchener Straße und gleich wieder links in die Schützenstraße (St2057) abbiegen und 17 km bis Rott fahren.

Info: Hinter Weilheim erreicht man das berühmte Kloster Wessobrunn. Es wurde 753 gegründet, nur wenig später entstand hier das »Wessobrunner Gebet«, eines der ältesten christlichen Gedichte in deutscher Sprache. Besonders sehenswert ist im Kloster der mit Figuren und Stuck übersäte Tassilosaal (www.kloster-wessobrunn.de).

13
4 km
St2055

Kurz vor Rott scharf links auf die Schongauer Straße (St2055) abbiegen und 4 km bis Apfeldorf.

Strecke: *Kurvenreich geht es durch Wälder zurück in Richtung Schongau.*

14
5 km
St2055

In Apfeldorf links auf die Kinsauer Straße (St2055) und 5 km bis zur Einmündung auf die B17.

15
8 km
B17

An der B17 links abbiegen und 8 km zurück nach Schongau fahren – Endstation der Tour.

E

A Dießen

Strecke: *In Rott rechts auf die St2055 und 12 km bis Dießen fahren.*

Info: Mitten im Fünfseenland liegt Dießen, das terrassenförmig am Westufer des Ammersees aufsteigt. Suchen Sie noch ein passendes Mitbringsel? Im Pavillon am See stellen regionale Künstler und Kunsthandwerker ihre Kreationen aus Holz, Ton, Zinn, Glas, Silber, Gold und anderen Materialien aus, die auch gekauft werden können.

Pavillon am See, Seestraße 30, 86911 Dießen, Tel. 088 07/84 00, www.diessener-kunst.de, Mo–Fr 10–18 Uhr, Sa+So 11-18 Uhr.

Restaurant- und Hotel-Tipp: Modern, aber gemütlich ist es im Seefelder Hof in Dießen. Im Restaurant gibt es frischen Fisch aus dem See.

Seefelder Hof, Alexander-Kuister-Weg 6, 86911 Dießen, Tel. 088 07/10 22, www.dießen.de €€

8

Kurventanz und Alpenglühen

Zugspitzregion und das Ammertal

ROUTE 8 Werdenfelser Land – Kurventanz und Alpenglühen

Ⓐ **Ausgangsort**
Garmisch-P. (D-82467)

Ⓔ **Zielort**
Garmisch-P. (D-82467)

94 km ★★★ ★★

Straßentypen (in Prozent der Streckenlänge)

35 | 65

■ Landstraße/asphaltierte Nebenstraße
■ Bundesstraße/Schnellstraße

Pass-Überquerungen: 1

Diese Tour können Sie mit Route 7 kombinieren.

Tourist-Info Garmisch-Partenkirchen
Richard-Strauß-Platz 2
D-82467 Garmisch-Partenkirchen
Tel. 088 21/18 07 00
tourist-info@gapa.de
www.gapa.de

(→ *weitere Adressen siehe Seite 187*)

Seen, Klöster und Schlösser und natürlich die majestätische Zugspitze bilden die traumhafte Kulisse für diese Route. Von Garmisch-Partenkirchen geht es über den Ammersattel ins benachbarte Tirol und im großen Bogen zurück ins Werdenfelser Land. Prickelnde Passfahrten und beschwingte Kurven sind dabei ebenso geboten wie entspanntes Touren. Wir bestaunen die Schlösser Ludwigs II. und lassen uns in noblen Hotels gerne verwöhnen.

Route 8
DEUTSCHLAND
Oberammergau
Schloss Linderhof
Graswang
Ettal
Kloster Ettal
B23
B2
Oberau
Krottenkopf
2086
Notkarspitze
1889
Kienjoch
1953
Linderhof
St2060
Deutsche Alpenstraße
Ammergauer Alpen
Schönleiten
1703
Hochplatte
2082
Hopfensee
Forggensee
Bannwaldsee
B16
B17
A7
Füssen
Schwangau
Weißensee
Hohenschwangau
Neuschwanstein
Alpsee
Unterpinswang
Säuling
2047
1118
Ammersattel
Bayern
Farchant
Loisach
Lech
179
Geierköpfe
2161
Kramerspitz
1985
Wank
1780
Gehrenspitze
2163
Reutte
Garmisch-Partenkirchen
Grainau
Top Tipp
Eibsee
Plansee
198
Werdenfelser Land
Heiterwanger See
Tirol
Heiterwang
Daniel
2340
187
Alpspitze
2628
Zugspitze
2962
Weißenbach am Lech
Thaneller
2341
Bichlbach
Lermoos
Ehrwald
Biberwier
ÖSTERREICH
N
Route
5 km
DEUTSCHLAND
BW
BY
Ulm
Augsburg
München
Rosenheim
Salzburg
Konstanz
Lindau
Kempten
Garmisch-Partenkirchen
Berchtesgaden
Kufstein
Oberstdorf
Innsbruck
SCHWEIZ
ÖSTERREICH

Tour-Stationen auf einen Blick

Tourlänge: 94 km

Nr.	Ort	PLZ	GPS-Koordinaten
A	Garmisch-Partenk.	D-82467	N 47 29.543 E 11 05.180
02	Oberau	D-82496	N 47 33.519 E 11 08.123
03	Ettal	D-82488	N 47 34.244 E 11 04.792
04	Linderhof	D-82488	N 47 33.995 E 10 57.585

Nr.	Ort	PLZ	GPS-Koordinaten
05	Reutte	A-6600	N 47 28.644 E 10 43.735
06	Lermoos	A-6631	N 47 24.514 E 10 51.965
07	Ehrwald	A-6632	N 47 24.477 E 10 54.698
E	Garmisch-Partenk.	D-82467	N 47 29.543 E 11 05.180

Die Tabelle enthält die wichtigsten Stationen der Route – ggf. wurden Orte weggelassen oder zur exakteren Navigation ergänzt; Referenzsystem der GPS-Koordinaten: WGS84

1
10 km
B23
B2

In Garmisch-Partenkirchen auf der Burgstraße (B23) 3 km bis zur B2 bei Farchant. Hier geradeaus und auf der Schnellstraße 7 km bis Oberau.

Strecke: *Im Farchant-Tunnel durchs Tal der Loisach in Richtung Norden.*

Info: Garmisch-Partenkirchen existiert erst seit 1935. Hitler und die NSDAP drängten vehement darauf, dass sich die beiden vormals selbstständigen Märkte Garmisch und Partenkirchen ein Jahr vor der Winterolympiade zusammenschließen, und so beugte man sich dem großen Druck. Die schindelgedeckten Gebirgshäuser in Garmisch strotzen vor Stolz und Partenkirchen steht dem in nichts nach. Trotz Schickimicki versprühen die Ortskerne noch echte Dorfidylle, die vom schönen Blick auf die Zugspitze gekrönt wird. Die Region bietet ein breites Repertoire an Aktivitäten und Sehenswürdigkeiten, vom Biken und Baden bis zum Klettern und Wandern, von Barock bis Lüftlmalerei. Alljährlich feiert man einen großen Garmischer Sohn, Richard Strauss. Kulturinteressierte besichtigen die Villa des Komponisten, Spielernaturen suchen im betriebsamen Casino ihr Glück.

Richard-Strauss-Institut, Schnitzschulstraße 19, 82467 Garmisch-Partenkirchen, Tel. 088 21/91 09 50, www.richard-strauss-institut.de, Mo–Fr 10–16 Uhr.

Spielbank Garmisch-Partenkirchen, Am Kurpark 10, 82467 Garmisch-Partenkirchen, Tel. 088 21/959 90, www.spielbanken-bayern.de, So–Do 15–2 Uhr, Fr+Sa 15–3 Uhr.

2
7 km
B23

In Oberau links auf die B23 abbiegen Richtung Oberammergau, dann 7 km bis hinter Ettal.

Strecke: *Kurvenreiche Straße bergan.*

Info: Eindrucksvoll erhebt sich das Benediktinerkloster Ettal über dem kleinen Ort Ettal. 1130 gegründet, wurde der gotische Zentralbau im 18. Jahrhundert barockisiert. Eine echte Augenweide ist das unglaublich detailreiche Kuppelfresko im Rundbau (www.kloster-ettal.de).

Event-Tipp: Frömmigkeit wird in dieser Gegend noch groß geschrieben, ganz besonders im Bilderbuchdorf Oberammergau. Zum Dank für die Errettung aus der Pestnot um 1643 wird hier alle zehn Jahre die Leidensgeschichte Christi inszeniert und in einem sechsstündigen Spektakel auf die Bühne gebracht. Im Rampenlicht stehen dabei keine Profidarsteller, sondern 1600 Laienschauspieler aus der Region, die die letzten Tage im Leben Jesu voller Inbrunst nachempfinden – das nächste Mal bereits vom 15. Mai bis zum 3. Oktober 2010. In dieser Zeit kann es mit Übernachtungen in der Gegend schwierig werden, auf jeden Fall aber teuer (www.passionsspiele2010.de).

Restaurant- und Hotel-Tipp: Im Klosterhotel Ettal kann man gut nächtigen und im Bräustüberl mit Einheimischen ein Bier trinken.
Klosterhotel Ludwig der Bayer, Kaiser-Ludwig-Platz 10-12, 82488 Ettal,
Tel. 088 22/91 50, www.ludwig-der-bayer.de €€

Mensch und Maschine werden ganz klein in der mächtigen Bergwelt.

3
10 km
St2060

Hinter Ettal links auf die St2060 und 10 km über Graswang bis Linderhof fahren.

Strecke: *Kurvenreiche Straße in die Ammergauer Alpen hinein.*

Info: Wäre es nach dem Willen des bayerischen Märchenkönigs Ludwig II. gegangen, hätte Schloss Linderhof nach seinem Ableben rigoros gesprengt werden sollen. Gut, dass es nie so weit kam. Der verspielte und ein wenig kitschige Prachtbau ist äußerst sehenswert und heute eine der wichtigsten und meistbesuchten Attraktionen Bayerns. Inspiriert wurde die neobarocke Anlage (1869) von den Bühnenwerken des Komponisten Richard Wagner. Sinnbilder düsterer Romantik, Melancholie und Mystik finden sich fast überall im Schloss und in der weitläufigen Parkanlage, die erkundet werden will.

Schloss Linderhof, Linderhof 12, 82488 Ettal, Tel. 088 22/92 03 49, www.schlosslinderhof.de, April–15.Okt. Mo–So 9–18 Uhr, 16.Okt.–März Mo–So 10–16 Uhr.

Restaurant- und Hotel-Tipp: Beim Fischerwirt in Graswang, östlich von Linderhof, finden Biker rustikal eingerichtete Gästezimmer. Auch eine Ferienwohnung wird vermietet. In der Gaststube kann man sich mit Brotzeitschmankerln oder frischen Saiblingen stärken.

Gasthaus zum Fischerwirt, Linderhofer Straße 15, 82488 Ettal-Graswang, Tel. 088 22/63 52, www.zum-fischerwirt.de €€

Exotik inmitten der bayerischen Alpen: der Maurische Kiosk im Schlosspark Linderhof.

4
25 km
St2060
–

Geradeaus und 25 km auf der St2060 über den Ammersattel und die Staatsgrenze nach Reutte.

Strecke: *Lang gezogener und kurvenreicher Abschnitt der Deutschen Alpenstraße über den Ammersattel (1118 m) und am Plansee entlang.*

Info: Am herrlichen, einsam gelegenen Plansee in Österreich findet man immer ein angenehmes Plätzchen für eine Rast mit schönem Ausblick. Besonders am Wochenende ist der fjordartige See Anziehungspunkt für Wanderer und Biker. Abwechslungsreich ist auch eine Bootsfahrt über den 1000 m hoch gelegenen See (www.fischeramsee.at).

5
17 km
179

Kurz vor Reutte an der Einmündung auf die 198 rechts abbiegen, nach der Unterführung wieder links und auf die Fernpass-Bundesstraße (179) auffahren, dann 16 km bis zur Abfahrt Lermoos.

Strecke: *Verkehrsreiche Transitstrecke.*

Camping-Tipp: Auf ebenem Wiesengelände unterhalb der Ruine Ehrenberg in Reutte liegt der Reutter Campingplatz mit schönem Blick auf die Berge. Biker sind herzlich willkommen.

Camping Reutte, Ehrenbergstraße 53, A-6600 Reutte/Tirol, Tel. 00 43/(0)65 72/628 09, www.camping-reutte.com €

Am Plansee sollte man nicht vorbeirauschen, es finden sich schöne Plätze für eine Rast.

6
5 km
187

Hier rechts Richtung Lermoos abfahren, nach 0,5 km an der T-Kreuzung rechts auf die 187 und 4,5 km durch Lermoos Richtung Ehrwald.

Event-Tipp: Ein Erlebnis sind die Sonnwendfeuer, die jedes Jahr am Wochenende um die Sommersonnenwende (21. Juni) rund um den Talkessel Ehrwald-Lermoos-Biberwier entzündet werden. Aus Tausenden Brandsätzen entstehen Figuren, deren Dramatik noch durch das Auslegen von Feuerketten entlang der Bergkämme gesteigert wird.

7
16 km
187
B23

Am Ortseingang von Ehrwald links und 16 km auf der 187 – nach der Grenze auf der B23 – bis Grainau.

Strecke: *Die Bergstraße über Ehrwald nach Garmisch-Partenkirchen wird relativ wenig befahren. Auf kurvenreicher Strecke räubert man flott und einsam durch die wunderbare Landschaft der Zugspitzregion. Vorsicht ist bei den Bahnübergängen geboten!*

Camping-Tipp: In eine Biegung der Loisach schmiegt sich der Campingplatz Zugspitze und gewährt einen schönen Blick auf den Namenspatron. Die Zufahrt liegt an der B23. Rabatt für ADAC-Mitglieder.
Campingplatz Zugspitze, Griesener Straße 4, 82491 Grainau, Tel. 088 21/31 80, www.zugspitzcamping.de €

A Füssen

Strecke: *In Reutte auf der Fernpass-Bundesstraße 11 km Richtung Deutschland fahren. In Unterpinswang rechts (B17) abfahren, 6 km bis Füssen.*

Info: Wem Schloss Linderhof gefallen hat, möchte auch die anderen Schlösser Ludwigs II. sehen: Die Schlösser Neuschwanstein und Hohenschwangau liegen nahe bei Füssen.

ADAC Motorrad-Hotel: Verwöhnt werden Biker im Hotel Luitpoldpark im Zentrum von Füssen. Dafür sorgt schon das großzügige Fitness- und Wellnessareal des Hauses. Bei den Restaurants hat man die Qual der Wahl zwischen Allgäuer und internationaler Küche.
Luitpoldpark Hotel, Bahnhofstraße 1-3, 87629 Füssen, Tel. 083 62/90 40, www.luitpoldpark-hotel.de €€€

8
4 km
B23

An Grainau geradeaus vorbei und 4 km zurück auf der B23 bis nach Garmisch-Partenkirchen.

Info: Eine willkommene Erfrischung bietet der Eibsee, ein Kleinod zwischen dunkelgrünen Tannen und steilen Bergen. Von Grainau aus ist er rasch über die Eibseestraße zu erreichen. Wen es weiter himmelwärts zieht, schwebt mit der Eibsee-Seilbahn in circa 10 Minuten direkt zum Gipfel der Zugspitze auf 2962 m Höhe. Die Gondeln verkehren alle 30 Minuten (www.zugspitze.de).

TOP TIPP **ADAC Motorrad-Hotel:** Im bikerfreundlichen Hotel Haus Hammersbach in Grainau verbindet sich eleganter Landhausstil mit bayerischer Gastlichkeit und Gemütlichkeit. Überdachte Stellplätze, Trockenraum, Werkzeuge, Ersatzteile, Gepäckaufbewahrung, alles ist perfekt auf die Bedürfnisse von Motorradreisenden zugeschnitten.
Hotel Haus Hammersbach, Kreuzeckweg 2-6, 82491 Grainau, Tel. 088 21/98 30, www.haus-hammersbach.de €€

Event-Tipp: Alle zwei Jahre findet zwischen Grainau und Eibsee ein historisches Bergrennen statt. Die 2600 m lange Strecke überwindet einen Höhenunterschied von 220 m bei maximal 12 Prozent Steigung. Nächster Termin ist der Oktober 2011 (www.eibsee-bergrennen.de).

Gib Gas Vater! Historisches Eibsee-Bergrennen.

9

Märchenhafte Begegnungen

Zu den Schlössern König Ludwig II.

Ⓐ **Ausgangsort**
Waltenhofen (D-87448)

Ⓔ **Zielort**
Füssen (D-87629)

162 km ★★★★ ★★★

Straßentypen (in Prozent der Streckenlänge)

Landstraße/asphaltierte Nebenstraße	Bundesstraße/Schnellstraße
35	65

Pass-Überquerungen: 3

Diese Tour können Sie mit Route 10 und 12 kombinieren.

Verkehrsamt Schwangau
Münchener Straße 2
D-87645 Schwangau
Tel. 083 62/819 80
info@schwangau.de
www.schwangau.de

(➔ *weitere Adressen siehe Seite 187*)

Eine wahrlich märchenhafte Tour vom zauberhaft schönen Oberallgäu durch Österreich ins nicht minder herrliche Oberbayern. Gleich drei Pässe, die auch mit wenig Alpenerfahrung gut zu meistern sind, sorgen für Fahrspaß und intensive Naturerlebnisse. Höhepunkt sind aber zweifelsohne die prunkvollen Märchenschlösser des sagenumwobenen Märchenkönigs Ludwig II., die er in Linderhof und oberhalb von Hohenschwangau errichten ließ.

Route 9
Kempten
DEUTSCHLAND
Bayern
Iller
B12
B309
B19
Waltenhofen
Martinszell
Immenstadt
Blaichach
Agathazell
Grünten
1738
Sonthofen
B308
Bad
Hindelang
Fischen im Allgäu
Ostrach
Allgäuer Alpen
Nebelhorn
2224
Oberjoch
Oberjoch-Pass
1178
Tannheimer Tal
Tannheim
199
Halden-
see
Nesselwängle
Vilsalpsee
Gaichtpass
1093
Weißenbach am Lech
2274
Leilachspitze
Lech
198
ÖSTERREICH
Wertach
B310
Grünten-
see
Nesselwang
Weißbach
Pfronten
Weißensee
Weißen-
see
A7
Hopfen-
see
Füssen
Große Schlicke
2060
179
Reutte
Ruine Ehrenberg
Heiterwang
Tirol
Plansee
Forggen-
see
Schwangau
St2016
Top
Tipp
Hohenschwangau
Bannwaldsee
Ammergauer Alpen
Hochplatte
2082
Ammer-
sattel
1118
Geierköpfe
2161
Auerberg
1055
B16
B17
Steingaden
St2059
Wies
Wieskirche
Hohe Bleick
1638
B23
Echelsbacher Brücke
Oberammergau
Ettal
Schloss Linderhof
Linderhof
Graswang
St2060
Notkarspitze
1889
Garmisch-
Partenkirchen
Route
5 km
N
DEUTSCHLAND
BW
BY
Ulm
Augsburg
München
Rosenheim
Salzburg
Konstanz
Lindau
Kempten
Garmisch-
Partenkirchen
Kufstein
Berchtesgaden
Oberstdorf
Innsbruck
SCHWEIZ
ÖSTERREICH

Tour-Stationen auf einen Blick

Tourlänge: 162 km

Nr.	Ort	PLZ	GPS-Koordinaten
A	Waltenhofen	D-87448	N 47 40.294 E 10 17.962
02	Immenstadt	D-87509	N 47 33.502 E 10 13.230
03	Immenstadt	D-87509	N 47 33.188 E 10 13.847
04	Sonthofen	D-87527	N 47 31.221 E 10 16.316
05	Oberjoch	D-87541	N 47 31.007 E 10 24.542
06	Weißenbach am Lech	A-6671	N 47 26.448 E 10 38.616
07	Reutte	A-6600	N 47 29.332 E 10 43.118
08	Reutte	A-6600	N 47 28.731 E 10 43.952
09	Ettal	D-82488	N 47 34.261 E 11 04.843
10	Echelsbach	D-82435	N 47 42.643 E 10 58.430
11	Steingaden	D-86989	N 47 42.218 E 10 51.712
12	Schwangau	D-87645	N 47 34.861 E 10 45.080
13	Hohenschwangau	D-87645	N 47 33.405 E 10 44.413
E	Füssen	D-87629	N 47 34.176 E 10 42.041

Die Tabelle enthält die wichtigsten Stationen der Route – ggf. wurden Orte weggelassen oder zur exakteren Navigation ergänzt; Referenzsystem der GPS-Koordinaten: WGS84

1
15 km
B19
B308

Von Waltenhofen 15 km auf der B19, später auf der B308 Richtung Süden bis Immenstadt fahren.

Strecke: *Zügig Richtung Süden, den leuchtenden Alpen entgegen.*

ADAC Motorrad-Hotel: Das schöne Landhotel Adler in Martinszell bietet für Tourenfahrer spezielle Pauschalen an und stellt dazu kostenlose Garagenplätze für die Maschinen zur Verfügung. Nach der Rückkehr von der Tour genießt man Landküchenmenüs und einen zünftigen Schluck im Biergarten. Immer montags um 19 Uhr Bikerstammtisch!

Landhotel Adler, Illerstraße 10, 87448 Martinszell-Waltenhofen, Tel. 083 79/92 07 00, www.adler-martinszell.de €€

2
2 km
B308

In den folgenden Kreiseln jeweils die 2. Ausfahrt nehmen, dann bei den Bahngleisen links auf die Staufenerstraße (B308), 1 km durch Immenstadt.

Info: Nach dem Krieg wurde in Immenstadt ein noch heute futuristisches Motorrad gebaut, die »Imme R100«. Die nach ihrem Produktionsstandort benannte Maschine wog nur 57 kg und leistete 4,5 PS. Typisch war die Cantilever-Schwinge, die auch als Auspuff diente. Immerhin 12 000 Stück wurden zwischen 1949 und 1951 produziert.

Tipp: Alpsee

Info: Der von sanften Hügeln gesäumte Große Alpsee sowie der kleine Alpsee sind beliebte Ausflugsziele der Immenstädter. Kein Wunder, liegen sie doch direkt vor der eigenen Haustür. Man findet Bademöglichkeiten, Bootsverleihe, Beach-Volleyballfelder und andere Freizeitmöglichkeiten – Langeweile kommt hier so schnell nicht auf (www.immenstadt.de).

3

6 km

–

Im Kreisel am Ortsausgang von Immenstadt die 1. Ausfahrt auf die Blaichacherstraße nehmen, im nächsten Kreisel dann die 2. Ausfahrt. Jetzt 6 km über Blaichach bis nach Sonthofen fahren.

Info: Sonthofen ist die südlichste Stadt Deutschlands und zieht das ganze Jahr über Touristen in ihren Bann. Wassermühlen und -fälle sind die Attraktionen der Starzlachklamm, die zwischen dem Sonthofener Ortsteil Winkel und Burgberg liegt. Das schöne Naturschauspiel ist auch für Biker einen Abstecher wert (www.starzlachklamm.de).

Restaurant- und Hotel-Tipps: Die Pension Grüntenblick in Agathazell nördlich von Sonthofen bietet günstige Motorradwochen an. Bei gemeinsamen Touren übernimmt der Wirt das Kommando. Zur Verfügung stehen abschließbare Unterstellmöglichkeiten für Motorrad und Gepäck, ein Hochdruckreiniger sowie ein Trockenraum.

Im Heartbreak-Café in Sonthofen stehen die Chancen hoch, am Abend andere Motorradfahrer zu treffen. Ein Lokal wie zu Elvis' Zeiten, es werden amerikanische Gerichte und Drinks serviert. Im angeschlossenen Landhotel Bauer findet man günstige Zimmer.

Pension Grüntenblick, 87545 Agathazell, Tel. 083 21/33 53, www.gruentenblick €

Heartbreak-Café und Landhotel Bauer, Hans-Böckler-Straße 86, 87525 Sonthofen, Tel. 083 21/70 91, www.landhotel-bauer.de €

Die »Imme R100« kann heute in der Münchner Pinakothek der Moderne bestaunt werden.

Vom Alpsee Richtung Immenstadt.

4
15 km
B308

In Sonthofen am Schnellstraßenkreuz geradeaus auf die B308, dann 15 km durch den Ort und über Bad Hindelang bis nach Oberjoch fahren.

Strecke: *Kurvenreiche Auffahrt in Richtung Oberjoch. Allerdings oft viel Verkehr, da auf der ganzen Strecke Überholverbot gilt.*

Info: Der Kneippkurort Bad Hindelang liegt mitten in einem Naturschutzgebiet der Allgäuer Hochalpen. Der Ort zählt zu den größten touristischen Zentren des Allgäus und ist entsprechend gut besucht. Früher ging es hier freilich beschaulicher zu. Interessante Einblicke in alte Zeiten gibt das Bad Hindelanger Heimatmuseum, das in einer 500 Jahre alten, denkmalgeschützten Mühle untergebracht ist. Beim Gang durch die Ausstellungsräume erlebt man, wie Bauern und Handwerker früher ihren Alltag bestritten und ihren Lebensunterhalt verdienten.
Heimatmuseum Bad Hindelang, Ostrachstraße 40, 87541 Bad Hindelang,
Tel. 083 24/28 57, www.heimatdienst-hindelang.de, Mi–Mo 10 –18 Uhr.

Event-Tipp: Motorradfahrer lieben die 106 Kurven der Oberjoch-Passstraße, die hinter Hindelang beginnt. Schon in den 1920er-Jahren war die knapp 8 km lange Strecke Austragungsort für Rennen, die jedes Jahr im Oktober als »Jochpass Memorial« wieder aufleben. Auch interessante Motorrad-Oldtimer sind am Start (www.jochpass.com).

Tollkühne Männer auf knatternden Kisten: Auch Biker sind beim »Jochpass Memorial« dabei.

5
26 km
B308
199

In Oberjoch rechts abbiegen, 26 km auf der B308 über die Passhöhe – ab der österreichischen Grenze auf der 199 – bis nach Weißenbach am Lech fahren.

Strecke: *Erst hinter Oberjoch gelangt man auf die eigentliche, kaum wirklich als solche wahrnehmbare Oberjoch-Passhöhe (1178 m), die Bad Hindelang mit dem Tannheimer Tal in Österreich verbindet. Im weiteren Verlauf erreicht man dann aber den spannend zu fahrenden Gaichtpass (1093 m) – eher ein Engpass als eine Scheitelhöhe.*

6
8 km
198

Im Kreisverkehr in Weißenbach am Lech die 4. Ausfahrt auf die Lechtal Bundesstraße (198) nehmen und der Straße 8 km bis Reutte folgen.

Strecke: *Flotte Etappe durchs Tiroler Lechtal.*

7
2 km
198

In Reutte-Zentrum im Kreisverkehr am Obermarkt die 1. Ausfahrt nehmen und auf der 198 knapp 2 km durch den Ort Richtung Fernpass-Bundesstraße.

Strecke: *Stop-and-go bei der Stadtdurchfahrt Reutte.*

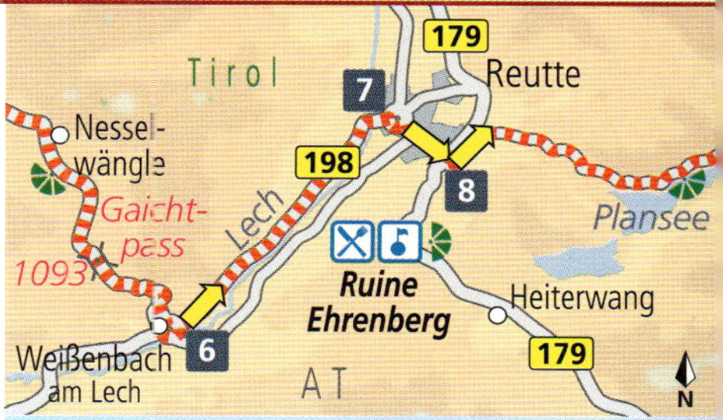

Tipp: Burgruine Ehrenberg

Info: Hoch über Reutte thront die rund 700 Jahre alte Burg Ehrenberg, die Mittelpunkt einer aus mehreren mittelalterlichen Festungen bestehenden Wehranlage ist. Schon allein wegen des Blicks bis weit hinein ins Lechtal lohnt sich der kurze Aufstieg zur Ruine. Parkmöglichkeit am Landgasthof Klause, der an der 179 südlich von Reutte liegt. Hier kann man nach dem Fußmarsch auch gut einkehren.

Landgasthof Klause, Klause, A-6600 Reutte, Tel. 00 43/(0)56 72/622 13.

8
35 km
–
St2060

Nach der Unterführung der Fernpass-Bundesstraße links und 35 km Richtung Deutschland – nach der Grenze auf der St2060 – und Kloster Ettal fahren.

Strecke: *Kurvenreiches Sträßchen, zuerst am stillen Plansee entlang, dann über den landschaftlich reizvollen, aber fahrerisch eher unspektakulären Ammersattel (1118 m) und vorbei an Schloss Linderhof.*

Info: Der Plansee, ein fjordartiger Stausee, und seine pittoreske Uferstraße ziehen Biker, Wanderer und Mountainbiker in Scharen an. Hier könnte man ewig cruisen, doch ein weiteres Juwel dieser Etappe wartet bereits: das zauberhafte Schloss Linderhof, übrigens das einzige in Oberbayern gelegene und von 1874–1878 auch fertiggestellte Schloss, in dem der bayerische »Märchenkönig« Ludwig II. tatsächlich längere Zeit wohnte. Inspiriert von einem Besuch in Versailles ließ es sich Ludwig II. nach den französischen Rokokovorbildern erbauen. Der Prachtbau mit seinen weitläufigen Parkanlagen und architektonischen Perlen ist in jedem Fall eine Besichtigung wert. Frühaufsteher sind dabei im Vorteil; in den Morgenstunden geht es noch ruhiger zu und auch die Autobusse drängen sich noch nicht Richtung Linderhof.

Schloss Linderhof, Linderhof 12, 82488 Ettal, Tel. 088 22/92 03 49, www.schlosslinderhof.de, April–15.Okt. Mo–So 9–18 Uhr, 16.Okt.–März Mo–So 10–16 Uhr.

Lang und zerklüftet: der fjordähnliche Plansee.

9
20 km
B23

Kurz vor Kloster Ettal links auf die B23 abbiegen und der Bundesstraße 20 km über Oberammergau bis zur Echelsbacher Brücke folgen.

Strecke: Zügig zu fahrende Bundesstraße durchs Ammertal.

Event-Tipp: Oberammergau wurde durch seine Passionsspiele weltweit bekannt. Zum Dank für die Errettung aus der Pestnot um 1643 wird die Leidensgeschichte Christi alle zehn Jahre von den Bewohnern des schönen Alpendorfes aufgeführt. Das nächste Mal vom 15. Mai bis zum 3. Oktober 2010 (www.passionsspiele2010.de).

10
9 km
St2059

Unmittelbar hinter der Echelsbacher Brücke links auf die St2059 und 9 km bis Steingaden fahren.

Strecke: Schwungvoll durch den malerischen Pfaffenwinkel.

Info: Ein strahlendes Glanzlicht des Pfaffenwinkels wartet in der Nähe von Steingaden: Die Wieskirche (1745–1754) ist eine vor Pracht und Herrlichkeit nur so strotzende Rokoko-Basilika. Einzigartig sind nicht nur das opulente Dekor aus Stuck, Marmor und Gold in ihrem Innern, sondern auch die Licht- und Raumwirkung. Die Kirche wurde 1983 in die Liste des UNESCO-Welterbes aufgenommen (www.wieskirche.de).

Auf dem Weg zu Ludwigs Märchenschlössern.

11
17 km
B17

In Steingaden links auf die B17 in Richtung Füssen, 17 km durch den Ort und auf der Bundesstraße bis zum Abzweig nach Hohenschwangau fahren.

Strecke: *Gut ausgebaute Bundesstraße mit viel Verkehr am Wochenende. Romantische Straße und Deutsche Alpenstraße führen hier entlang.*

12
3 km
St2016

Kurz vor Schwangau links abbiegen und 3 km auf der St2016 bis Hohenschwangau fahren.

TOP TIPP

Info: Majestätisch erheben sich die beiden Königsschlösser Neuschwanstein und Hohenschwangau oberhalb von Hohenschwangau. Ersteres ließ Ludwig II. nach dem historischen Vorbild der Wartburg mit Zinnen und Türmen auf einem Felsen erbauen. Der Zauber des Märchenschlosses ist bis heute ungebrochen und lockt jährlich Millionen Besucher aus der ganzen Welt an. Anmutig, aber nicht ganz so spektakulär gibt sich Schloss Hohenschwangau, das bereits der Vater Ludwigs II. im Tudorstil errichten ließ.

Schlossverwaltung Neuschwanstein, Neuschwansteinstraße 20, 87645 Hohenschwangau, Tel. 083 62/810 35, www.neuschwanstein.de

Schlossverwaltung Hohenschwangau, Altsee 24, 87645 Hohenschwangau, Tel. 083 62/811 27, www.hohenschwangau.de

Mit Schloss Neuschwanstein realisierte der bayerische Märchenkönig einen Traum.

Auf Hohenschwangau verbrachte Ludwig II. eine behütete Kindheit.

13
4 km
St2008
B16

In Hohenschwangau rechts in die Parkstraße (St2008) abbiegen. Nach 2,5 km links auf die B16 und 1,5 km über den Lech ins Füssener Zentrum.

Info: In Füssen, ehemals Wegstation an der von Norditalien nach Augsburg führenden Römerstraße Via Claudia Augusta, lädt eine lebhafte Altstadt zum Bummeln ein. Doch auch das Füssener Umland bietet eine Vielzahl an Attraktionen, die von dem wildromantischen Hopfensee und dem Forggensee bis zur ursprünglichen Alpenlandschaft mit vielen Wandermöglichkeiten reichen (www.fuessen.de).

ADAC Motorrad-Hotel: Direkt am Ufer des Forggensees in Füssen liegt das Wellnesshotel Sommer mit Blick auf das Königsschloss Neuschwanstein. Im Wellnessbereich mit Panorama-Hallenbad und Saunalandschaft kann man sich traumhaft von der Kurvenhatz erholen und anschließend in den gemütlichen Räumen des Restaurants mit Allgäuer Spezialitäten stärken. Tiefgarage, Trockenraum, Werkzeug sind vorhanden, ein Motorradverleih liegt nur 500 m entfernt.

Hotel Sommer, Weidachstraße 74, 87629 Füssen, Tel. 08362/91470, www.hotel-sommer.de €€€

E

Belebte Fußgängerzone in Füssen.

Vor der Toren Füssens: der Forggensee.

Seitensprung ins Gipfelglück

Allgäuer und Lechtaler Alpen

10

ROUTE 10 Allgäu – Seitensprung ins Gipfelglück

(A) Ausgangsort
Oberstdorf (D-87561)

(E) Zielort
Oberstdorf (D-87561)

229 km ★★★★ ★★★★

Straßentypen (in Prozent der Streckenlänge)

25 | 75

■ Landstraße/asphaltierte Nebenstraße
■ Bundesstraße/Schnellstraße

Pass-Überquerungen: 5

Diese Tour können Sie mit Route 9 kombinieren.

Oberstdorf Tourismus
Prinzregenten Platz 1
D-87561 Oberstdorf
Tel. 083 22/70 02 60
otg@oberstdorf.de
www.oberstdorf.de

(→ *weitere Adressen siehe Seite 187*)

Warum nicht mal ausgiebig über den Tellerrand blicken? In der folgenden Tour dient uns das Allgäu als Startrampe ins Glück, das wir im Bregenzerwald und in den Lechtaler Alpen in Österreich suchen. Die Pässe, die wir dabei überqueren, sind zwar nicht himmelhoch, bieten aber zumindest eine gute Portion Kurvenspaß. Hinzu kommt, dass man oft auf wenig befahrenen Pisten unterwegs ist und somit kaum Stau- oder Kolonnengefahr besteht.

Route 10
Füssen
Pfronten
Immenstadt
Sonthofen
Oberjoch
Oberjoch-pass
1178
Bad Hindelang
Tannheim
Haldensee
Gaishorn
2247
Reutte
Plansee
Heiterwang
Heiterwanger See
Gaicht-Pass
1093
Weißenbach a. Lech
Tirol
Bichlbach
Lermoos
Ehrwald
Fernpass
1212
Kelmer Sattel
1360
Top Tipp
Namlos
Namloser Tal
Knittelkar-spitze
2378
Stanzach
Elmen
Häselgehr
Taschach
Nassereith
1119
Holzleiten-sattel
Boden
Hahntennjoch
1894
Salveser Bach
Muttekopf
2774
Tarrenz
Tschirgant
2370
Imst
ÖSTERREICH
Lechtaler Alpen
Allgäuer Alpen
Stockach
Bach
Steeg
Kaisers
Kaiser Bach
Wetterspitze
2895
Kreuzjochspitze
2672
Parseierspitze
3036
Zams
Landeck
Flirsch
St. Jakob a. Arlberg
Arlbergpass
1793
Stuben
Zürs
Flexen-pass
1773
Valluga
2809
Lech
Warth
Schröcken
Hochtannberg-pass
1675
Vorarlberg
Damüls
Faschina-joch
1486
Furkajoch
1759
Argen-bach
Bregenzer-bach
Au
Bregenzerwald-straße
Schnepfau
Mellau
Reuthe
Bezau
Bersbuch
Andelsbuch
Schwarzen-berg
Müsel-bach
Hittisau
Krumbach
Riefensberg
Pfänder
1062
Dornbirn
Hoher Freschen
2004
Bregenzerwald
Balderschwang
Deutsche Alpenstraße
1420
Riedbergpass
Sibratsgfäll
Hochgrat
1832
DEUTSCHLAND
Hoher Ifen
2230
Riezlern
Baad
Kleines Walsertal
Heini-Klopfer-Skiflugschanze
Oberstdorf
Fischen i. Allgäu
Iller
Nebelhorn
2224
Hochvogel
2592
Gr. Krottenkopf
2656
Alpsee
Weißen-see
Forggen-see
Ammergauer Alpen
Ammersattel
1118
Gurglbach
Inn
N
Route
10 km
B19
B308
B17
205
200
201
19
198
199
179
189
A12
S16
316
1 2 3 4 5 6 7 8 9 10 11 12 13 14
A E
DEUTSCHLAND
BW
BY
Ulm
Augsburg
München
Rosenheim
Salzburg
Konstanz
Lindau
Kempten
Garmisch Partenkirchen
Berchtesgaden
Kufstein
Oberstdorf
Innsbruck
SCHWEIZ
ÖSTERREICH

Tour-Stationen auf einen Blick

Tourlänge: 229 km

Nr.	Ort	PLZ	GPS-Koordinaten
Ⓐ	Oberstdorf	D-87561	N 47 24.514 E 10 16.548
02	Oberstdorf	D-87561	N 47 25.451 E 10 16.090
03	Fischen im Allgäu	D-87538	N 47 27.613 E 10 16.029
04	Hittisau	A-6952	N 47 27.516 E 09 57.226
05	Müselbach	A-6861	N 47 27.142 E 09 52.791
06	Au	A-6883	N 47 19.424 E 09 58.589
07	Warth	A-6767	N 47 15.480 E 10 11.000
08	Stanzach	A-6642	N 47 22.977 E 10 33.660
09	Bichlbach	A-6621	N 47 25.197 E 10 47.296
10	Reutte	A-6600	N 47 28.689 E 10 43.787

Nr.	Ort	PLZ	GPS-Koordinaten
11	Reutte	A-6600	N 47 29.345 E 10 43.108
12	Weißenbach am Lech	A-6671	N 47 26.446 E 10 38.573
13	Oberjoch	D-87541	N 47 31.035 E 10 24.510
14	Sonthofen	D-87527	N 47 31.215 E 10 16.056
Ⓔ	Oberstdorf	D-87561	N 47 24.514 E 10 16.548

Die Tabelle enthält die wichtigsten Stationen der Route – ggf. wurden Orte weggelassen oder zur exakteren Navigation ergänzt; Referenzsystem der GPS-Koordinaten: WGS84

1
2 km
–

Oberstdorf über die Sonthofener Straße verlassen und 2 km bis zur B19 fahren.

Info: Oberstdorf ist vor allem in Sachen Skisport bestens bekannt. Die Heini-Klopfer-Skiflugschanze im Stillachtal aus dem Jahr 1949 kann ganzjährig besichtigt werden. Von hier oben hat man einen herrlichen Ausblick, sofern man nicht von Höhenangst geplagt wird.

ADAC Motorrad-Hotel: Das exklusive Alpenhotel Tiefenbach begeistert durch seine im Landhausstil eingerichteten Zimmer und Suiten mit Balkon oder Terrasse. Wer möchte, kann sie mit »Verwöhn-Halbpension«, »WellVital-Halbpension« oder »Gourmet-Halbpension« für den gesamten Aufenthalt buchen. Das Angebotspaket »Biker Tage« umfasst drei Übernachtungen mit Halbpension, Lunchpakete für unterwegs sowie einen Garagenstellplatz.

Alpenhotel Tiefenbach, Falkenstraße 15, 87561 Oberstdorf, Tel. 083 22/70 20, www.alpenhotel-tiefenbach.de €€€

2
4,5 km
B19

Im Kreisverkehr die 1. Abfahrt nehmen und der B19 4,5 km bis nach Fischen folgen.

Strecke: Verkehrsreiche Bundesstraße.

Auf 1420 m Höhe am Riedbergpass.

3
29 km
–

In Fischen links abbiegen in Richtung Österreich und 29 km bis nach Hittisau fahren.

Strecke: *Kurvenreiche Strecke über den Riedbergpass (1420 m). Teilstück der Deutschen Alpenstraße. Leider auf 40 km/h begrenzt. Gute Gelegenheit, die wundervolle Landschaft bei offenem Visier zu genießen.*

4
6,5 km
205

In Hittisau links auf die 205 in Richtung Dornbirn abbiegen, dann 6,5 km bis Müselbach.

Strecke: *Schnelles Verbindungsstück.*

5
26 km
200

In Müselbach an der T-Kreuzung links auf die 200 und über Reuthe 26 km bis Au fahren.

Strecke: *Auf der breiten, schön zu fahrenden Bregenzerwaldstraße.*

Info: Das Wälderbähnle verkehrt von Mai bis Oktober zwischen Bezau und Schwarzenberg (6,1 km). Abwechselnd mit der 100 Jahre alten Dampflok oder einer der historischen Diesellokomotiven sieht man das Bähnle schon von Weitem durch die schöne Landschaft schnaufen.

Wälderbähnle, Bahnhof 147, A-6870 Bezau, Tel. 0043/(0)664/4662330, www.waelderbaehnle.at

Das Wälderbähnle im Bregenzerwald.

6

23 km

200

Geradeaus durch Au in Richtung Hochtannbergpass, weiter der Bregenzerwald–Bundesstraße (200) 23 km bis Warth folgen.

Strecke: *Flotter Kurventanz über den gut ausgebauten, herrlichen Hochtannbergpass (1675 m).*

Hotel-Tipp: »Haus der 59 Pässe« nennt sich das Hotel Post in Au gerne. Das MoHo-Hotel bietet sichere Abstellplätze, einen Trockenraum sowie viele weitere Serviceleistungen.

Hotel Post, Argenau 100, A-6883 Au, Tel. 00 43/(0)55 15/41 03, www.motorradhotel.at €€

Gut ausgebaut: der Hochtannbergpass.

7

40 km

198

In Warth links halten in Richtung Reutte und 40 km auf der Bundesstraße 198 bis Stanzach fahren.

Strecke: *Landschaftlich reizvolle und schnelle Strecke durchs Lechtal. In der anderen Richtung geht es zum Flexenpass (siehe Abstecher).*

Restaurant- und Hotel-Tipp: Ein beliebter Treffpunkt für Biker ist die Sonnenterrasse des Gasthauses Tirolerhof in Warth. Es gibt großzügige Appartements für Fahrer, die etwas länger bleiben wollen.

Gasthof Tirolerhof, Dorf 10, A-6767 Warth, Tel. 00 43/(0)55 83/28 67, www.warth.tv €€

Aussichtsreicher Abstecher zum Flexenpass.

8
26,5 km
–

In Stanzach rechts abbiegen und durch das Namloser Tal 26,5 km bis nach Bichlbach fahren.

TOP TIPP ***Strecke:*** *Geniale Kurven und guter Straßenbelag über den Kelmer Sattel (1360 m). So macht Motorradfahren richtig Freude!*

Info: Das Namloser Tal macht seinem Namen alle Ehren, es scheint tatsächlich kaum bekannt zu sein. Abgesehen von ein paar eingeweihten Motorradfahrern trifft man auf dieser Straße zumindest kaum jemanden an. Bis zum Dorf Namlos windet sich die Strecke in engen Kurven am rechten Talrand entlang. Hinter Namlos geht es über den Kelmer Sattel und durch das enger werdende Tal bis nach Bichlbach.

9
9,5 km
179

In Bichlbach links halten und 0,5 km bis zur 179, hier links und 9 km in Richtung Reutte.

Strecke: *Die verkehrsreiche Fernpass-Straße.*

10
1,5 km
198

Am Straßendreieck vor Reutte rechts auf die 198 abfahren und 1,5 km durch den Ort bis zum Kreisverkehr am Obermarkt fahren.

Strecke: *Lebhafter Stadtverkehr.*

A Flexenpass

Info: Der Flexenpass (1773 m), verbindet Nord und Süd, das Lechtal mit dem Arlberg. Anfangs schmal und kurvenreich, strebt die Strecke ab Lech unaufhaltsam in die Höhe, bis im Wintersportort Zürs der Scheitel erreicht ist. Bis zum Endpunkt der Flexenpassstraße in Stuben-Rauz sind es von Warth aus rund 17 km. Da der Straßenbelag hinter der Passhöhe mitunter in schlechtem Zustand ist, sollte man konzentriert fahren.

Restaurant- und Hotel-Tipp: Auf der anderen Seite des Flexenpass in Stuben bietet das Biker-Hotel Berg-Klause wunderschöne Zimmer, eine tolle Atmosphäre und jeden Abend ein leckeres Schlemmerbüfett.

Alpengästehaus Berg-Klause,
Egganaweg 59, A-6762 Stuben/Arlberg,
Tel. 00 43/(0)55 82/551, www.berg-klause.at €

11
8,5 km
198

Im Kreisverkehr die 3. Ausfahrt nehmen, dann 8,5 km – weiterhin auf der 198 – bis Weißenbach.

Strecke: *Schnelle Straße am Lech entlang.*

12
26 km
199
B308

In Weißenbach am Kreisverkehr rechts (1. Ausfahrt) auf die 199 – später B308 – und der Bundesstraße 26 km über Tannheim bis Oberjoch folgen.

Strecke: *Diese Etappe trumpft gleich mit zwei fahrerischen Highlights auf. Über den zwar nur 1093 m hohen, aber dennoch sehr spannenden Gaicht-Pass erreicht man zunächst das wunderschöne Tannheimer Tal. Die anschließende Abfahrt hält dabei nicht ganz, was die erstklassige Auffahrt bieten konnte, dafür ist es beim nachfolgenden Oberjochpass genau umgekehrt. Auf unspektakulärer Piste nähert man sich der Passhöhe (1178 m) nahe der deutschen Grenze. Dann geht es rasant den herrlichen Kurvenbandwurm bergab.*

Blumen am Wegesrand, Asphalt unter den Reifen: unterwegs im Lechtal.

13
13 km
B308

In Oberjoch links Richtung Bad Hindelang abbiegen und 13 km – weiter auf der B308 – bis Sonthofen.

Strecke: *Breit ausgebaute Kurvenstrecke bergab.*

14
13 km
B308
B19

Auf der B308 nach Sonthofen hinein bis zur Kreuzung mit der B19, hier links abbiegen und 13 km zurück nach Oberstdorf fahren.

Strecke: *Auf stark befahrener Bundesstraße zurück zum Ausgangspunkt.*

Event-Tipp: Die Theatergruppe des Gebirgstrachten- und Heimatschutzvereins Oberstdorf bringt jährlich rund 30 Theateraufführungen auf die Bühne. Lieblingssujet der Laienspieler sind dabei vor allem historische Themen rund um die Region, aber auch moderne Stücke zur aktuellen politischen Lage werden inszeniert. »Dr. Holtschemachar« heißt das jüngste Historienspiel der Gruppe, das sich um einen schwerhörigen Holzschumacher und den Alltag in Oberstdorf in den 1920er-Jahren dreht. Doch egal, welches Stück: Die mit viel Liebe dargestellten Aufführungen sind immer einen Besuch wert.
Kartenvorverkauf Tel. 083 22/70 00, www.trachtenverein-oberstdorf.de

Kneipp-Kurven

Im Unterallgäu zwischen Iller und Lech

11

ROUTE 11 Allgäu – Kneipp-Kurven

Ⓐ **Ausgangsort**
Bad Wörishofen (D-86825)

Ⓔ **Zielort**
Bad Wörishofen (D-86825)

137 km ★★★ ★★

Straßentypen (in Prozent der Streckenlänge)

Landstraße/asphaltierte Nebenstraße	Bundesstraße/Schnellstraße
85	15

- Landstraße/asphaltierte Nebenstraße
- Bundesstraße/Schnellstraße

Diese Tour können Sie mit Route 13 kombinieren.

TVB Allgäu/Bayerisch-Schwaben e. V.
Schießgrabenstraße 14
D-86150 Augsburg
Tel. 08 21/450 40 10
info@tvabs.de
www.bayerisch-schwaben.de

(➔ *weitere Adressen siehe Seite 187*)

Ganz geruhsam beginnt diese Tour, fast schon wie ein Kuraufenthalt. Die Gipfel der Alpen liegen aber stets im Blickfeld und wecken Sehnsucht. An der kurvenreichen Anfahrt zum Auerberg sind die Berge dann schließlich zum Greifen nah. Hier treffen sich die Motorradfahrer und genießen den Ausblick. Zuvor cruisen wir vorbei an traditionsreichen Orten und Kulturschätzen des Unterallgäus, deren Geschichte bis in die Römerzeit zurückreicht.

Route 11
Babenhausen
Pfaffenhausen
Mindelheim
Landsberg a. Lech
Lauben
Erkheim
Oberauerbach
Stetten
Dorschhausen
Memmingen
Sontheim
Bad Wörishofen
Eutenhausen
Katzbrui
Markt Rettenbach
Ottobeuren
Schwäbische Bäderstraße
Volkratshofen
Aitrach
Pforzen
Neugablonz
Kaufbeuren
Bad Wurzach
Iller-stausee
Legau
Obergünzburg
Apfeltrang
Biessenhofen
Illertal
Iller
Leutkirch
Kimratshofen
Aitrang
Ruderatshofen
Elbsee
Schongau
Walkenberg 951
Neuhausen
Wilpoldsried
Unterthingau
Marktoberdorf
Auerberg 1055
Top Tipp
Stötten
Bernbeuren
Kempten
Wertach
Günz
Lech
Unt. Argen
Baden-Württemberg
Bayern
Route
10 km
N
DEUTSCHLAND
BW
BY
Ulm
Augsburg
München
Rosenheim
Salzburg
Konstanz
Lindau
Garmisch-Partenkirchen
Berchtesgaden
Kufstein
Oberstdorf
Innsbruck
SCHWEIZ
ÖSTERREICH

Tour-Stationen auf einen Blick

Tourlänge: 137 km

Nr.	Ort	PLZ	GPS-Koordinaten
A	Bad Wörishofen	D-86825	N 48 00.361 E 10 35.267
02	B16 Mindelheim	-	N 48 01.531 E 10 30.750
03	Mindelheim	D-87719	N 48 02.818 E 10 29.453
04	Oberauerbach	D-87719	N 48 02.755 E 10 27.111
05	Markt Rettenbach	D-87733	N 47 56.879 E 10 23.680
06	Ottobeuren	D-87724	N 47 56.861 E 10 18.703
07	Memmingen	D-87700	N 47 58.935 E 10 11.849
08	Memmingen	D-87700	N 47 58.811 E 10 10.389
09	Aitrach	D-88319	N 47 56.040 E 10 06.069
10	Legau	D-87764	N 47 51.294 E 10 07.761

Nr.	Ort	PLZ	GPS-Koordinaten
11	Kimratshofen	D-87452	N 47 47.804 E 10 09.380
12	Neuhausen	D-87439	N 47 45.200 E 10 17.819
13	Kempten	D-87435	N 47 44.136 E 10 18.601
14	Wildpoldsried	D-87499	N 47 45.673 E 10 25.962
15	Unterthingau	D-87647	N 47 46.431 E 10 30.776
16	Ruderatshofen	D-87674	N 47 49.179 E 10 35.420
17	Kaufbeuren	D-87600	N 47 52.967 E 10 37.152
18	Pforzen	D-87666	N 47 56.012 E 10 36.525
E	Bad Wörishofen	D-86825	N 48 00.361 E 10 35.267

Die Tabelle enthält die wichtigsten Stationen der Route – ggf. wurden Orte weggelassen oder zur exakteren Navigation ergänzt; Referenzsystem der GPS-Koordinaten: WGS84

1
7 km
–

Bad Wörishofen auf der Mindelheimer Straße verlassen, 7 km über Dorschhausen bis zur B16.

***Strecke:** Schöner Auftakt durch sanft gekuppte Landschaft.*

Info: Gemütlich geht es immer noch zu in der Kurstadt Bad Wörishofen. Auch wenn sich der Ort, seit Pfarrer Sebastian Kneipp im Jahr 1855 hier sein Amt als Seelsorger antrat, vom verschlafenen Dorf zum weltbekannten Kurort gewandelt hat. Kneipp entwickelte und praktizierte hier die berühmte Wasserkur, die ihn selbst – gemeinsam mit der guten Allgäuer Luft – von einem Lungenleiden befreite. Heute ist Bad Wörishofen ein teures Pflaster, das vor allem ältere Kurgäste anzieht. Dreh- und Angelpunkt des kurstädtischen Lebens ist der Kurpark am westlichen Ortsrand (www.bad-woerishofen.de).

2
3 km
B16

Rechts auf die B16 auffahren und 3 km auf der Bundesstraße nach Mindelheim hineinfahren.

Info: Das von einer Stadtmauer umgebene Mindelheim mutet wie die Kulisse für einen Mittelalterfilm an. Auf Zeitreise kann man sich in den Mindelheimer Museen, etwa im Heimat-, Textil-, Turmuhren- oder Archäologiemuseum, begeben (www.mindelheimer-museen.de).

Zeitreise: Mindelheim besticht durch Flair und vor allem durch seine vielen historischen Bauten

3
4 km
–

In Mindelheim nach dem Kreisel links in die Maximilianstraße abbiegen, dem Straßenverlauf 4 km stadtauswärts bis Oberauerbach folgen.

4
13 km
St2013

In Oberauerbach links auf die St2013, durch den Ort und 13 km über Stetten bis Markt Rettenbach.

Strecke: *Cruisen auf ruhiger Landstraße durchs liebliche Unterallgäu – vorbei an blühenden Wiesen und durch kleine, beschauliche Dörfer.*

Restaurant- und Hotel-Tipp: In Eutenhausen geht es links ab zum Weiler Katzbrui und zur Katzbruimühle. Das beliebte Ausflugslokal liegt idyllisch am Waldrand im Quellgebiet der Westernach und wurde liebevoll restauriert. Ursprünglich war das im 17. Jahrhundert errichtete Gebäude eine Getreidemühle. Im Mühlenmuseum erfährt man mehr über die Geschichte des Hauses, die Lebens- und Arbeitsverhältnisse der Mühlenbewohner und das Müllerhandwerk in alten Zeiten. Das hausgemachte Steinofenbrot, eigenes Mühlenbier und fangfrische Forellen werden entweder im schönen Biergarten oder an kühleren Tagen am Kachelofen in der alten Gaststube serviert. Übernachten kann man in einfachen, aber freundlichen Zimmern.

Katzbrui-Mühle, Katzbrui 7, 87742 Köngetried, Tel. 082 69/575, www.katzbrui-muehle.de €

A Babenhausen

Info: Ab Mindelheim lohnt sich ein 30 km weiter Abstecher Richtung Norden nach Babenhausen, das im Tal der Günz liegt. Der charmante Ort hat neben dem Schloss mit Fuggermuseum auch eine Schnapsbrennerei zu bieten. Ein Besuch im Museum führt in die Familiengeschichte der Fugger ein, die durch ihre Handelspolitik die Geschicke Europas in der Renaissance maßgeblich beeinflussten. In der Brennerei Salzgeber gibt es edle Brände zu kosten. Besser ist es, eine Flasche im Tankrucksack zu verstauen und sich vorerst mit einem nicht minder köstlichen Espresso zu begnügen.

Fuggerschloss, 87727 Babenhausen, Tel. 083 33/29 31, www.fugger.de, Apr.–Nov. Di–Sa 10–12 Uhr, 14–17 Uhr, So 10–12 Uhr, 13-18 Uhr.

Brennerei Salzgeber, Aspenstraße 6, 87727 Babenhausen, Tel. 083 33/930 74, www.salzgeber.com

5
7 km
St2013

Geradeaus durch Markt Rettenbach, weiterhin auf der St2013 bleiben und 7 km bis Ottobeuren fahren.

Strecke: *Unterwegs auf der Schwäbischen Bäderstraße, die sich hier in schönen, lang gezogenen Kurven präsentiert.*

Info: Auch Ottobeuren ist Kneippkurort. Die Stadt schart sich um die Benediktinerabtei Ottobeuren mit der monumentalen Basilika St. Alexander und Theodor. Ab 1711 baute man mehr als 55 Jahre an diesem Klosterkomplex. Pflicht ist die Besichtigung der traumhaft mit Stuck, Fresken und Marmor verzierten barocken Klosterkirche. Im Kloster darf man auch selbst seiner künstlerischen Ader frönen, es werden Kurse in Kalligrafie und anderen Kunsttechniken angeboten.
Benediktinerabtei Ottobeuren, Sebastian-Kneipp-Straße 1, 87724 Ottobeuren, Tel. 083 32/79 80, www.abtei-ottobeuren.de

6
10 km
St2013

Am Ortseingang von Ottobeuren geradeaus, auf der St2013 bleiben und 10 km bis Memmingen.

Info: Gotik und Renaissance haben Memmingens Altstadt geprägt. Das Ensemble des Marktplatzes mit dem stuckgeschmückten Rathaus, den Arkaden des Steuerhauses und dem Großzunft genannten Haus der Patrizier zählt zu den schönsten im Allgäu (www.memminge.de).

Ehrfurchterweckend: die Basilika Ottobeuren.

7
2 km
St2009
B300

In Memmingen links auf den Tiroler Ring (St2009) abbiegen und 2 km – später auf der B300 – bis zur Kreuzung Bodenseestraße fahren.

Strecke: Auf dem Stadtring durch Memmingen.

Restaurant- und Hotel-Tipp: Zwischen Altstadt und Stadtpark Memmingen bietet Drexel's Parkhotel ruhige Zimmer für die Nacht an. Das Restaurant Schwarzer Ochsen begeistert vor allem Liebhaber saftiger Steaks. Eine Tiefgarage befindet sich in unmittelbarer Nähe.

Parkhotel Memmingen, Ulmer Straße 7, 87700 Memmingen, Tel. 083 31/93 20, www.parkhotel-memmingen.de €€€

8
8 km
St2009

Jetzt links abbiegen (Ausschilderung Leutkirch) und 8 km auf der St2009 Richtung Aitrach.

9
10 km
L260
St2009

Direkt an der Autobahn links in die Memminger Straße (L260) abbiegen. Nach 1 km erneut links und 9 km auf der St2009 bis Legau fahren.

Strecke: Am Illerstausee vorbei, wir folgen dem Flusslauf noch ein Stück. Landschaftlich wird es wieder reizvoller.

Balsam für die Biker-Seele: Im Allgäu schwingt das Motorrad im Rhythmus der Natur, und die kann sich hier sehen lassen.

10
7 km
St2009

In Legau links abbiegen, weiterhin auf der St2009 bleiben und 7 km bis nach Kimratshofen.

Strecke: *In flotter Gangart durch saftig-grünes, weites Land.*

11
15 km
St1308
–

In Kimratshofen rechts auf die St1308 und in den Ort hineinfahren. Nach rund 0,5 km links in die Waldstraße und 14,5 km bis zur Einmündung auf die St2009 hinter Neuhausen bei Kempten.

Strecke: *Auf einem einsamen, kurvenreichen Sträßchen vorbei an Wäldern und Moorlandschaft geht es in Richtung Allgäuer Alpen.*

Info: Die Wallfahrtskirche Heiligkreuz liegt in der unmittelbaren Nähe von Neuhausen. Von außen ähnelt sie entfernt der Wieskirche im Pfaffenwinkel. Mitten in der Kirche erinnert eine Blutsäule an das geheimnisvolle Blutwunder, das sich im Jahre 1691 hier zugetragen haben soll. Auf einer Wiese, so die Überlieferung, entdeckten Bauern damals, wie sich »an fünf Stellen einer tischgroßen Fläche helles, klares Blut einen halben Schuh hoch aufwallte«. Ob wahr oder nicht, die kunstvoll aufgebaute Säule aus dem Jahre 1780 ist sehenswert.
Kath. Pfarramt Heiligkreuz, Heiligkreuzer Straße 100, 87439 Kempten, Tel. 08 31/51 26 80.

Zauberhafte Abendstimmung im Allgäu.

12
2 km
St2009

Hier rechts abbiegen und 2 km auf der St2009 Richtung Kempten-Zentrum fahren.

***Strecke:** Durchs Illertal in die Stadt hinein.*

Info: Kempten liegt romantisch eingebettet in einer eiszeitlichen Gletscherlandschaft und ist heute wirtschaftliches Zentrum des Allgäus. Vom gotischen Turm der Burghalde, einer Zitadelle über der Stadt, genießt man einen unverwechselbaren Blick auf Kempten und die Kulisse der Alpen. Die Geschichte der Stadt begann vor über 2000 Jahren. Das römische »Cambodunum«, das anstelle einer älteren keltischen Siedlung hier entstand, war eine bedeutende Garnisonsstadt der Römer. Im Archäologischen Park Cambodunum kann man sich ein Bild vom Leben und Alltag der Bewohner zu Römerzeiten machen.
Archäologischer Park Cambodunum, Cambodunumweg 3, 87437 Kempten, Tel. 08 31/797 31, www. www.apc-kempten.de, Mai–Okt. Di–So, 10–17 Uhr, Nov.–April Di–So 10–16.30 Uhr.

Hotel-Tipp: Das Smartmotel in Kempten funktioniert nach dem bequemen, obgleich anonymen Prinzip großer moderner Hotelketten. Einchecken kann man jederzeit, bezahlt wird am Automaten. Parkplätze und Tiefgarage können kostenlos genutzt werden.
Smartmotel, Edisonstraße 4, 87437 Kempten, Tel. 08 31/20 06 00, www.smartmotel.de €€

Beschauliches Kempten mit Lorenzkirche.

13
10 km
B12

In Kempten links auf den Adenauerring (B12) und auf der Bundesstraße 10 km in Richtung Marktoberdorf bis zur Abfahrt Wildpoldsried.

14
8 km
–

Hier abfahren und rechts abbiegen. Nach 0,5 km erneut rechts und 7,5 km parallel zur B12 nach Unterthingau und durch den Ort fahren.

Strecke: *In weiten Schwüngen auf schöner Nebenstraße anstelle der eiligen Bundesstraße.*

15
9 km
–

Am Ortsausgang Unterthingau links abbiegen, dann 9 km an Aitrang vorbei bis Ruderatshofen.

Strecke: *Durchs flache Tal der Kirnach.*

Camping-Tipp: Der Campingplatz Elbsee fühlt sich dem umweltgerechten Camping verpflichtet und hat dafür viel Lob geerntet. Schön gelegen am von Moorwassern gespeisten Elbsee kann man hier wirklich entspannen, im See baden oder sich ein Bötchen ausleihen.
Campingplatz Elbsee, Am Elbsee 3, 87648 Aitrang, Tel. 083 43/248, www.elbsee.de €

A Motorradtreff Auerberg

Strecke: *Über Marktoberdorf auf der B16 nach Stötten, hier links Richtung Bernbeuren (ca. 23 km). Die 19 Kurven hoch zum Auerberg sind erstklassig!*

TOP TIPP **Info:** Der Auerberg ist am Wochenende der Treffpunkt für Biker schlechthin. Nach der tollen Anfahrt genießt man den Panoramablick auf die oberbayerische und Allgäuer Bergwelt und Benzingespräche. Parkplätze sind ausreichend vorhanden.

Restaurant- und Hotel-Tipp: Der Gasthof Auf dem Auerberg hat sich ganz auf Biker eingestellt. Im Restaurant wird man mit hausgemachten Torten verwöhnt. Übernachtet wird in freundlichen Zimmern.
Gasthof Auf dem Auerberg, Auerberg 2, 86975 Bernbeuren, Tel. 088 60/235, www.auerberghotel.de €

16
7 km
–

In Ruderatshofen links halten und 7 km über Apfeltrang nach Kaufbeuren fahren.

Info: Die Stadt Kaufbeuren ging aus einem im 8. Jahrhundert angelegten Karolinger Königshof hervor. Früher waren es neben Handel und Landwirtschaft die Papierherstellung, der Tuchhandel und die Weberei, die der Stadt »Zu den Kaufhäusern« Wohlstand bescherten. Sehr anmutig im Tal der Wertach gelegen, zieht das mittelalterliche Zentrum auch heute viele Besucher an, und das nicht nur zu Zeiten des Tänzelfestes – einer echten Sommerattraktion im Allgäu. Den architektonischen Reichtum der ehemaligen Handels- und Handwerkerstadt, der sich hinter der Stadtmauer verbirgt, erkundet man am besten bei einem Bummel durch die Altstadt (www.kaufbeuren.de).

Event-Tipp: Jeden Sommer im Juli versetzt das Kaufbeurer Tänzelfest die Stadt in einen freudigen Ausnahmezustand. Eine Woche lang gedenkt man der Blütezeit der Stadt im 15. Jahrhundert – in der Kaiser Maximilian I. oft zu Besuch kam – mit Tanz, Lagerleben und historischen Umzügen. Am Sonntag und Montag wird vor dem großen Festzug in einer Spielszene vor dem Rathaus die legendäre Stiftung des Festes durch den Kaiser dargestellt (www.taenzelfest.de).

Ein Höhepunkt des Tänzelfestes: Kaiser Maximilian I. reitet durch die Stadt.

17
7 km
St2055
B16

In Kaufbeuren rechts auf die Kemptener Straße (St2055) und 0,5 km bis zur B16 fahren. Hier links und der Bundesstraße 6,5 km bis Pforzen folgen.

ADAC Motorrad-Hotel: Das Hotel Am Kamin in Kaufbeuren ist gut auf Motorradfahrer eingestellt. Parkplätze direkt am Hotel ermöglichen eine bequeme Anfahrt. Die Einrichtung ist rustikal-alpenländisch, eine Almwirtschaft mit Allgäuer Spezialitäten und eine Berghütte »ins Hotel neibaut« sind kleine Attraktionen des Hauses. Die regional-mediterran ausgerichtete Küche bietet auch ein fünfgängiges Überraschungs-Menü, das man aber am Vortag reservieren sollte. Für Motorradfahrer gibt es die attraktive Flair-Biker-Pauschale.

FlairHotel Am Kamin, Füssener Straße 62, 87600 Kaufbeuren, Tel. 083 41/93 50, www.flairhotel-am-kamin.de €€

18
8 km
B16
St2015

Geradeaus an Pforzen vorbei bis zur Abzweigung der B16. Hier wieder geradeaus auf die St2015 wechseln und 7,5 km zurück nach Bad Wörishofen.

E

Strecke: *Zügig zurück zum Ausgangspunkt auf gut ausgebauter Straße.*

12 Grüne Grenze

Vom württembergischen ins bayerische Allgäu

ROUTE 12 Allgäu – Grüne Grenze

Ⓐ **Ausgangsort**
Wolfegg (D-88364)

Ⓔ **Zielort**
Wolfegg (D-88364)

125 km ★★★★★ ★★★

Straßentypen (in Prozent der Streckenlänge)

50 | 50

- Landstraße/asphaltierte Nebenstraße
- Bundesstraße/Schnellstraße

Diese Tour können Sie mit Route 9 und 13 kombinieren.

Wolfegg Information
Rötenbacher Straße 13
D-88364 Wolfegg
Tel. 075 27/96 01 51
wolfegg.info@wolfegg.de
www.wolfegg.de

(→ *weitere Adressen siehe Seite 187*)

Zwei Bundesländer, Baden-Württemberg und Bayern, teilen sich das Allgäu, und jede Ecke dieser landschaftlich einzigartig reizvollen Region hat seinen ganz eigenen Charme. Wer mit der Maschine auf kleinen Straßen durch Allgäuer Täler und über die grünen Hügel zirkelt, vergisst freilich die Zeit und alle Grenzen. Zusätzlich angefeuert wird der »Mythos Allgäu« vom Green Hill Run in Wolfegg, der die Harley-Fans jährlich in Scharen hierher lockt.

Route 12
Weingarten
Ravensburg
Wolfegg
Top Tipp
Rötenbach
Kißlegg
Vogt
Sommers
Leupolz
Eggenreute
Felbers
Untermatzen
Herfatz
Wangen
Epplings
Gießen
Sechshöf
Ratzenried
Christazhofen
Isny
Schweine-
bach
Hergatz
Opfenbach
Mellatz
Lindenberg
i. Allgäu
Waldsee
Scheidegg
Scheidegger
Wasserfälle
Weiler
Simmerberg
Oberreute
Deutsche
Alpenstraße
Paradies
Oberstaufen
Salmaser Höhe
1254
Alpsee
Immen-
stadt
Missen
Sibratshofen
Seltmans
Stoffelberg
1063
Martinszell
Waltenhofen
Schwarzer Grat
1118
Kempten
Dietmannsried
Leutkirch
DEUTSCHLAND
Bayern
Baden-
Württemberg
Unt. Argen
Obere Argen
Argen
Iller
AU
L317
L315
L324
L325
L330
L265
L320
K8016
B32
B18
B12
B308
St2001
St2006
B19
B309
A96
A7
Route
5 km
N
DEUTSCHLAND
BW
BY
Ulm
Augsburg
München
Rosenheim
Salzburg
Konstanz
Lindau
Kempten
Garmisch-
Partenkirchen
Berchtesgaden
Kufstein
Oberstdorf
Innsbruck
SCHWEIZ
ÖSTERREICH

Tour-Stationen auf einen Blick

Tourlänge: 125 km

Nr.	Ort	PLZ	GPS-Koordinaten
A	Wolfegg	D-88364	N 47 49.210 E 09 47.573
02	Vogt	D-88267	N 47 46.517 E 09 46.271
03	Sommers	D-88239	N 47 45.712 E 09 48.050
04	Eggenreute/Felbers	D-88239	N 47 44.204 E 09 47.354
05	Untermatzen	D-88279	N 47 42.181 E 09 47.866
06	Wangen	D-88239	N 47 41.234 E 09 50.278
07	Opfenbach	D-88145	N 47 37.700 E 09 50.207
-	Mellatz	D-88145	N 47 37.518 E 09 51.527
9	Lindenberg	D-88161	N 47 36.015 E 09 53.936
10	Oberstaufen	D-87534	N 47 33.146 E 10 01.515

Nr.	Ort	PLZ	GPS-Koordinaten
11	Immenstadt	D-87509	N 47 33.612 E 10 12.701
12	Sibratshofen	D-87480	N 47 37.694 E 10 04.806
13	Isny	D-88316	N 47 41.515 E 10 02.354
14	L265	-	N 47 42.336 E 09 59.676
-	Christazhofen	D-88260	N 47 43.385 E 09 57.868
15	Kißlegg	D-88353	N 47 47.291 E 09 52.908
E	Wolfegg	D-88364	N 47 49.210 E 09 47.573

Die Tabelle enthält die wichtigsten Stationen der Route – ggf. wurden Orte weggelassen oder zur exakteren Navigation ergänzt; Referenzsystem der GPS-Koordinaten: WGS84

1
6 km
L317
L324

Wolfegg auf der Ravensburger Straße (L317) verlassen, nach 0,5 km in der Kurve links auf die L324 abbiegen und 5,5 km bis nach Vogt fahren.

Strecke: *Gleich zu Beginn beschwingtes Auf und Ab im Westallgäu.*

Info: Schon zu alemannischer Zeit stand in Wolfegg ein Schloss. Der heutige Renaissancebau stammt aus dem 16. Jahrhundert, ist bewohnt und kann nicht besichtigt werden. Dennoch bietet das Schlossareal einen echten Höhepunkt: Im Marstall ist das Wolfegger Automobilmuseum untergebracht. 200 Klassiker, zusammengetragen von Autosammler Fritz B. Busch, werden in zum Baujahr passendem Ambiente präsentiert – darunter auch Motorrad-Oldtimer. Ebenfalls in die Vergangenheit blicken kann man im schönen Wolfegger Bauernhausmuseum, das südwestlich des Ortes liegt. Auf dem 10 ha großen Areal wurden historische Gebäude aus Oberschwaben und dem Westallgäu aufgebaut, mitsamt Stallungen und original eingerichteten Stuben.

Automuseum Busch, Fritz B. Busch-Weg 1, 88364 Wolfegg, Tel. 075 27/62 94, www.automuseum-busch.de, 15. März–15. Nov. tgl. 9.30–17.30, Winter: So 10–17 Uhr.

Bauernhaus Museum Wolfegg, Weingartener Straße 11, 88364 Wolfegg, Tel. 075 27/955 00, www.bauernhausmuseum-wolfegg.de, März, Apr., Okt., Nov. Di–So 10–17 Uhr, Mai–Sept. Mo–So 10–18 Uhr.

Schloss Wolfegg auf dem grünen Hügel.

»Oldies, but Goldies« im Automuseum Busch.

2
3 km
L325

In Vogt im Kreisverkehr die 3. Ausfahrt auf die Wangener Straße (L325) nehmen und dieser 3 km bis zum Weiler Sommers folgen.

Strecke: *In lang gezogenen Bögen durch Wiesen und kleine Waldstücke.*

Restaurant- und Hotel-Tipp: Der Gasthof zum Paradies in Vogt macht seinem Namen alle Ehre: Es gibt täglich wechselnde Mittagsmenüs, Fisch und Meeresfrüchte, hausgemachte Pasta und schöne Desserts. Übernachtet wird in Wohlfühl-Landzimmern, die Maschinen können kostenlos in der Garage abgestellt werden.

Gasthof Paradies, Ravensburger Straße 8, 88267 Vogt, Tel. 075 29/77 08, www.gasthof-paradies.de €€

3
4 km
–

Bei Sommers rechts abbiegen und 4 km über Eggenreute bis zum Gehöft Felbers.

Strecke: *Ein echter Insidertipp für Genießer: Einspuriger, verwinkelter Höhenweg mit toller Sicht auf die Allgäuer Alpen.*

Restaurant-Tipp: Damit die herrliche Aussicht nicht zu rasch vorbeizieht, sollte man eine Rast im Klosterhof in Eggenreute einlegen. Der Biergarten ist einfach herrlich, hier gibt es auch Kaffee und Kuchen.

Biergarten Klosterhof, Eggenreute 3, 88239 Wangen im Allgäu, Tel. 075 06/91 29 90.

4
4 km
–

Jetzt rechts abbiegen und 4 km bis zur Zufahrt auf die B32 hinter Untermatzen fahren.

Strecke: *Weiterhin einspuriges Schlängelsträßchen mit einwandfreiem Belag, das an malerischen Scheunen aus verwittertem Holz und Kapellen mit kecken Zwiebeltürmen vorbeiführt. Die Berggipfel rücken näher und die gelben Löwenzahnwiesen krönen die Bilderbuchidylle.*

5
5 km
B32

Zweimal links abbiegen zur B32 und 5 km auf der Bundesstraße über Herfatz bis nach Wangen.

Strecke: *Belebte Bundesstraße mit viel Verkehr.*

Info: Mit viel mittelalterlichem Charme empfängt Wangen seine Gäste. Im romantischen Stadtkern mischen sich Allgäuer Geruhsamkeit mit einem Hauch von mediterranem Lebensgefühl, das von den vielen alten und modernen Brunnen, die vor mittelalterlicher Kulisse sprudeln, noch unterstrichen wird (www.wangen.de).

Event-Tipp: Der beste Tag für einen Bummel durch Wangen ist der Mittwochvormittag, wenn zwischen der Paradiesstraße und dem farbenfrohen Frauentor die Marktleute ihre Produkte anpreisen.

6
7 km
B32

In Wangen geradeaus, auf der B32 bleiben und 5 km bis nach Hergatz. Hier links und – weiterhin auf der B32 – 2 km bis Opfenbach fahren.

Strecke: *Wir überqueren die grüne Grenze nach Bayern.*

7
6 km
B32
–

In Opfenbach links abbiegen und der B32 weitere 2 km bis Mellatz folgen. Jetzt rechts abbiegen und auf kleiner Straße 4 km bis Lindenberg.

Strecke: *Verstecktes, kurvenreiches Sträßchen, das den Weg nach Lindenberg abkürzt und nebenbei für Fahrspaß sorgt.*

Info: Dass das Städtchen Lindenberg nicht so ländlich wirkt wie andere Orte im Allgäu, liegt an seiner Industriegeschichte, die bis ins 17. Jahrhundert zurückreicht. Bis ins frühe 20. Jahrhundert waren Lindenberger Strohhüte ein echter Kassenschlager. Zuerst produzierte man in Heimarbeit, aber der Erfolg war so groß, dass sich bald zahlreiche Hutfabriken im Ort ansiedelten. Über die Glanzzeiten der Hutstadt informiert das Lindenberger Hutmuseum. Heute ist Lindenberg für die traditionelle Herstellung von Schmelzkäse bekannt.

Hutmuseum, Brenntnerwinkel 4, 88161 Lindenberg, Tel 083 81/803 28, www.lindenberg.de, Febr.–Okt. Mi 15–17.30 Uhr, So 10–12 Uhr.

Lokalgeschichtliches Kleinod: Das älteste Haus Lindenbergs stammt aus dem 16. Jahrhundert.

Tipp: Waldsee Lindenberg

Info: Der mit Tannen gesäumte Waldsee (761 m) westlich von Lindenberg ist der höchstgelegene Moorsee Deutschlands und lädt zum Baden ein. Naturfreunde können eine Runde um den See spazieren und die typische Moorvegetation genießen. Anschließend lässt man es sich auf der Terrasse des Hotels Waldsee richtig gut gehen.

8
1 km
–

In Lindenberg 1 km geradeaus (Sedanstraße/ Staufner Straße) bis zur Einmündung auf die B308.

9
17 km
B308

An der Einmündung links auf die B308 abbiegen, der Bundesstraße 17 km bis Oberstaufen folgen.

Strecke: *Flotte Fahrt durch lang gezogene Kurven der Bundesstraße. Wir befinden uns jetzt wieder auf der Deutschen Alpenstraße.*

Info: Nicht verpassen sollte man den Rastplatz Paradies kurz vor Oberstaufen. Der Name ist Programm: Hoch über dem Tal der Weißach blickt man an klaren Tagen bis weit über den Bregenzerwald und zum leuchtenden Säntis in der Schweiz. Schwungvoll geht es weiter nach Oberstaufen, das weltweit einzige Schrothheilbad. Gekurt wird recht spartanisch mit kalten Wickeln sowie einer strikten salz- und fettlosen sowie eiweißarmen Diät (www.oberstaufen.de).

Hotel-Tipp: Herrlich ausspannen kann man im Kur- und Landhotel Mühlenhof in Oberstaufen. Das schöne Haus in traumhafter Lage bietet nach Vereinbarung auch ein dreigängiges Abendessen an.
Hotel Mühlenhof, Mühlenstraße 13,87534 Oberstaufen, Tel. 083 86/932 60
www.hotel-muehlenhof.de €€

A Scheidegger Wasserfälle

Strecke: *Von Lindenberg 3 km auf der B308 in Richtung Scheidegg, am Kreisel vor dem Ort auf der B308 bleiben und noch 2 km bis zum Parkplatz fahren.*

Info: Der heilklimatische Kurort Scheidegg ist bekannt für seine aussichtsreiche Lage, seine Wasserfälle und für die typische Bauweise seiner bunten Häuser mit traditioneller Schindelverkleidung als Schutz gegen die Witterung. Rund um Scheidegg haben sich im Laufe der Erdgeschichte mehrere Wasserfälle gebildet; sie wurden in die Liste der schönsten Geotope in Bayern aufgenommen. Die zwei sogenannten Rickenbacher Wasserfälle sind von einem Parkplatz an der B308 über einen schönen Spazierweg erreichbar (www.scheideggerwasserfaelle.de).

10
16 km
B308

In Oberstaufen geradeaus, auf der B308 bleiben und 16 km in Richtung Immenstadt.

Strecke: *Auf der Deutschen Alpenstraße durch einen breiten Talkessel.*

Info: Sprungtürme, Rutschen, Wildwasserkanal – und sogar Unterwassermusik: Langeweile kommt im Erlebnisbad Aquaria in Oberstaufen so schnell nicht auf. Für Entspannung sorgt das große Wellness-Angebot. An heißen Sommertagen sind freilich der Große und Kleine Alpsee direkt vor den Toren Immenstadts die bessere Badealternative. Der Große Alpsee ist drei Kilometer lang und bildet mit dem Kleinen Alpsee ein beliebtes Naherholungsgebiet. Es gibt Strandbäder mit Gastronomie und zahlreiche Sportmöglichkeiten. Auch Tretboote, Surfbretter und Segelboote können gemietet werden.

Erlebnisbad Aquaria, Alpenstraße 5, 87534 Oberstaufen, Tel. 083 86/931 30, www.aquaria.de, Mo–So 9–22 Uhr

11
15 km
St2006

Am Ortsanfang Immenstadt im Kreisverkehr die 2. Ausfahrt auf die Missener Straße (St2006) nehmen und 15 km bis Sibratshofen.

Strecke: *Kurvenreich bergauf und weiter durchs Tal der Unteren Argen.*

A Landhotel Adler

Strecke: *Von Immenstadt 10 km über die B308 und B19 in Richtung Kempten fahren. Rechts nach Martinszell abbiegen.*

ADAC Motorrad-Hotel: Der kleine Umweg lohnt sich für alle, die Wert auf eine »standesgemäße« Unterkunft legen. Im Landhotel Adler in Martinszell bei Waltenhofen finden Tourenfahrer alles, was sie brauchen. Das Hotel bietet auf Motorradfahrer zugeschnittene Pauschalen an, die Garage für die Maschine ist kostenlos, und nach der Rückkehr von der Tour genießt man ein kühles Helles im schönen Biergarten. Nicht nur hier kommt man schnell ins Gespräch. Gleichgesinnte trifft man auch beim Bikerstammtisch, immer montags um 19 Uhr.

Landhotel Adler, Illerstraße 10, 87448 Martinszell-Waltenhofen, Tel. 083 79/92 07 00, www.adler-martinszell.de €€

12
11 km
St2001
B12

In Sibratshofen rechts auf die St2001 und 2 km bis Seltmans. Hier links und nach 0,5 km links auf die B12 auffahren, dann 8,5 km weiter bis nach Isny.

Strecke: *Wir kehren zurück ins württembergische Allgäu.*

Info: Als schönste Rokoko-Kirche des Westallgäus gilt die Pfarrkirche St. Georg in Isny. Die prunkvolle Innenausstattung mit feinem, teilweise vergoldetem Stuckdekor erhielt das Gotteshaus erst Mitte des 18. Jahrhunderts. Sehenswert ist auch die evangelische Nikolaikirche, eine mächtige Pfeilerbasilika gleich nebenan (www.isny.de).

Event-Tipp: Beim Theaterfestival Isny versammeln sich jedes Jahr im Juli und August Tausende Besucher am Baggersee Burkwang bei Isny. Neun Tage lang wird unter freiem Himmel und im Zirkuszelt Musik, Theater, Kabarett und Film geboten (www.theaterfestival-isny.de).

13
5 km
B12
L265

In Isny am Marktplatz links, 2 km der B12 folgen bis zum Abzweig der K8016 bei Schweinebach. Hier rechts abbiegen und 3 km bis zur L265 fahren.

Strecke: *Sehr kurvenreiche Strecke; aber Vorsicht: leider oft verschmutzt durch landwirtschaftliche Fahrzeuge.*

Unterwegs im grünen Allgäu.

14
16 km
L265

Links auf die L265 auffahren, dann 4 km bis Christazhofen. Hier rechts abbiegen und 12 km auf der L265 bis Kißlegg.

Strecke: *Traumhafte Kurvenwechsel bis kurz vor Christazhofen. Dann schwebt man auf grauem Asphalt an Wiesen, Seen und Mooren vorbei.*

Info: Zwei Barockschlösser und eine Barockkirche prägen das Stadtbild von Kißlegg. Bereits bei der Einfahrt erkennt man die Treppengiebel des alten Schlosses, die sich über dem Ort in den Himmel fächern. Ein erfrischender Kontrast zu den historischen Sehenswürdigkeiten ist das Museum Rudolf Wachter, das dem Werk des gleichnamigen zeitgenössischen Holzbildhauers gewidmet ist. Die monumentalen Wandreliefs, Boden- und Freiskulpturen sind wirklich sehenswert.
Museum Rudolf Wachter, Neues Schloss, 88353 Kißlegg, Tel. 075 63/93 61 42, www.kisslegg.de, Di, Do, Fr 14–17 Uhr, Sa 13–17 Uhr, So 11–17 Uhr.

15
9 km
L265
L330
L315

In Kißlegg rechts in die Schloßstraße (L265), nach knapp 1 km hinter den Bahngleisen links abbiegen und 8 km auf der L330 – ab Rötenbach auf der L315 – zurück nach Wolfegg fahren.

Strecke: *Auch auf der Zielgeraden gibt es noch einmal reichlich Kurven.*

E

Tipp: Green Hills Run

TOP TIPP **Event-Tipp:** Der Adler fliegt nach Wolfegg, und zwar seit über 10 Jahren immer im Juli/August. Unter echten Bikern hat das Harley-Treffen in Wolfegg, nach seinem Veranstalter auch »Free Willi« genannt, einen ausgezeichneten Ruf. Das liegt zum einen an den erstklassigen Bands, die hier für Stimmung sorgen, dann an den coolen Drinks und nicht zuletzt an der entspannten Allgäuer Atmosphäre. Auch der Tabledance in der späten Nacht findet seine Freunde. Fahrer von Oldtimern haben freien Eintritt, für alle Ankömmlinge wird am Donnerstag ein Stunde lang Freibier ausgeschenkt. Übernachten kann man auf dem großen Zeltplatz. Freitags und samstags stampfen die Big Twins zu einer Ausfahrt durch die grünen Hügel des Allgäus (www.green-hills-run.de).

Schwabenstreiche

Durch die oberschwäbische Ried- und Hügellandschaft

ROUTE 13 — Oberschwaben – Schwabenstreiche

Ⓐ **Ausgangsort**
Memmingen (D-87700)

Ⓔ **Zielort**
Memmingen (D-87700)

188 km — ★★★ — ★★★

Straßentypen (in Prozent der Streckenlänge)

Landstraße/asphaltierte Nebenstraße	Bundesstraße/Schnellstraße
70	30

Diese Tour können Sie mit Route 11 und 12 kombinieren.

Oberschwaben-Tourismus
Neues Kloster 1
D-88427 Bad Schussenried
Tel. 075 83/33 10 60
info@oberschwaben-tourismus.de
www.oberschwaben-tourismus.de

(→ *weitere Adressen siehe Seite 187*)

Ein Schwabenstreich gilt als Heldentat – zumindest im schwäbischen Sprachraum. Für Biker heißt das, ein flotter Ritt von Ort zu Ort ist in dieser Gegend durchaus statthaft. Dabei verlangt diese Tour wahrlich keine heroischen Fahrkünste, aber so manch sportliche Kurvenkette hat es durchaus in sich. Der Straßenbelag ist jedoch bestens, und die einzelnen Etappen führen schwungvoll durch eine besonders reizvolle Ried- und Hügellandschaft.

Route 13
DEUTSCHLAND
Bodensee
Lindau
Bregenz
Ravensburg
Weingarten
Federsee
Schussen
Argen
Sigmarszell
Pfänder 1064
Hergensweiler
ÖSTER-REICH
Wangen
Herfatz
Scheidegg
Lindenberg i. Allgäu
Simmerberg
Oberstaufen
Obere Argen
Unt. Argen
Epplings
Ratzenried
Gießen
Sechshöf
Christazhofen
Schweinebach
Isny
Großholzleute
Überruh
Schwarzer Grat 1118
Bayern
Vogt
Karsee
Sommers
Leupolz
Röten-bach
Ober-ankenreute
Wolfegg
Eintürnen
Kißlegg
Leutkirch
Ellmeney
Ausnang
Legau
Illerbeuren
Volkrats-hofen
Schwäbisches Bauernhofmuseum
Iller
Aitrach
Memmingen
Heimertingen
Top Tipp
Bad Waldsee
Wurzacher Ried
Bad Wurzach
Unterschwarzach
Ober-essendorf
Biberach an der Riß
Riß
Ochsenhausen
Baden-Württemberg
Neu-Ulm
Route
10 km
N
A96
A7
B12
B18
B30
B31
B32
B300
B308
B312
B465
190
205
L260
L308
L314
L317
L317a
L318
L320
L320a
L324
L325
L265
K7914
St2009
1 2 3 4 5 6 7 8 9 10 11 12 13 14 15 16 17 18
BW
DEUTSCHLAND
BY
Ulm
Augsburg
München
Rosenheim
Salzburg
Konstanz
Lindau
Kempten
Garmisch-Partenkirchen
Berchtesgaden
Kufstein
Oberstdorf
Innsbruck
SCHWEIZ
ÖSTERREICH

Tour-Stationen auf einen Blick

Tourlänge: 188 km

Nr.	Ort	PLZ	GPS-Koordinaten
Ⓐ	Memmingen	D-87700	N 47 59.333 E 10 10.350
02	Heimertingen	D-87751	N 48 01.861 E 10 08.916
03	Biberach	D-88400	N 48.04.351 E 09 48.855
04	Oberessendorf	D-88436	N 47 59.390 E 09 46.678
05	Bad Wurzach	D-88410	N 47 54.171 E 09 52.534
06	Eintürnen	D-88410	N 47 51.277 E 09 50.436
07	Wolfegg	D-88364	N 47 49.018 E 09 47.490
08	Weingarten	D-88250	N 47 48.735 E 09 38.225
09	Ravensburg	D-88212	N 47 46.939 E 09 37.052
10	Vogt	D-88267	N 47 46.517 E 09 46.258
11	Leupolz	D-88239	N 47 44.811 E 09 49.455
12	Wangen	D-88239	N 47 40.996 E 09 50.374
13	Gießen	D-88260	N 47 41.093 E 09 53.926
14	Ratzenried	D-88260	N 47 43.279 E 09 54.054
15	Isny	D-88316	N 47 42.175 E 10 02.753
16	Leutkirch	D-88299	N 47 49.453 E 10 01.605
-	Ellmeney	D-88299	N 47 48.618 E 10 06.103
17	Ausnang	D-88299	N 47 49.679 E 10 06.021
18	Illerstausee (Kardorf)	D-87763	N 47 55.513 E 10 06.030
Ⓔ	Memmingen	D-87700	N 47 59.333 E 10 10.350

Die Tabelle enthält die wichtigsten Stationen der Route – ggf. wurden Orte weggelassen oder zur exakteren Navigation ergänzt; Referenzsystem der GPS-Koordinaten: WGS84

1
6 km
B300

Ⓐ

In Memmingen auf der Buxheimer Straße (B300) stadtauswärts und 6 km in Richtung Heimertingen.

Info: Die liebenswerte Stadt Memmingen führt ein reges Leben und ist stolz auf ihre Tradition. Mit Leidenschaft pflegen die Einwohner das Erbe und Brauchtum von ehedem. Das ist nicht weiter verwunderlich, wenn man auf die bewegte Geschichte der Stadt zurückblickt, die durch ihre strategisch günstige Lage geprägt wurde. Schon die Römer errichteten 300 n. Chr. auf späterem Stadtgebiet ein Kastell. Im Hochmittelalter kreuzten sich die Salzstraßen aus Bad Reichenhall und Hall in Tirol in Memmingen und vom 14. bis 16. Jahrhundert, der Blütezeit Memmingens, verkauften hiesige Kaufleute ihre Waren in die ganze Welt. Der Niedergang der Stadt kam schließlich mit dem Dreißigjährigen Krieg (1618–48), denn die Versorgung durchziehender Armeen zwang die Wirtschaft in die Knie.

Die gemütliche Memminger Altstadt versetzt einen zurück in alte Zeiten. Der Stadtbach in Memmingen gehört dazu; früher transportierte er den Unrat aus der Stadt. Von altem Handwerk und Zünften berichten restaurierte Gebäude wie das stattliche Haus der Großzunft am Marktplatz oder das Sieben-Dächer-Haus im Gerberviertel, das zur Trocknung von Tierhäuten gebaut worden war (www.memmingen.de).

Tipp: Boxenstopp Neu-Ulm

***Strecke:** Über die A7 sind es von Memmingen aus nach Neu-Ulm rund 50 km.*

ADAC Motorrad-Hotels: Für alle, die aus Norden anreisen, bietet sich als Zwischenstopp Neu-Ulm an. Der Landgasthof Hirsch in Finnigen, östlich der Stadt, bietet mit »Hirsch's Bikerpaket« eine originelle Pauschale inklusive zwei Übernachtungen, Frühstücksbüfett und »Easy Rider«-Abendessen. Benzin im Blut haben die Betreiber des Motor-Bike-Hotels Landhof Meinl, südöstlich von Neu-Ulm, die Hotelgästen gerne ihre Lieblingstouren verraten.

Hotel-Landgasthof Hirsch, Dorfstraße 4, 89233 Neu-Ulm/Finningen, Tel. 07 31/97 07 44, www.hirsch-nu.de €€€

Landhof Meinl, Marbacher Straße 4, 89233 Neu-Ulm/Reutti, Tel. 07 31/705 20, www.hotel-meinl.de €€€

2
26 km
B312

Im Kreisel im Gewerbegebiet am Ortseingang von Heimertingen die 3. Ausfahrt auf die B312 nehmen und 28 km über Ochsenhausen Richtung Biberach.

Strecke: *Flott zu fahrende, windungsreiche Bundesstraße.*

Info: Auf dem prächtigen Biberacher Marktplatz begegnet man Zeugnissen der Vergangenheit wie den zahlreichen Patrizierhäusern und der von 1337 bis 1366 erbauten gotischen und im Jahr 1746 im Innern barockisierten Martinskirche. Diese sogenannte Simultankirche wird seit 1648 von Katholiken und Protestanten gemeinsam genutzt. Das frisch renovierte Wieland-Gartenhaus im Süden der Altstadt dokumentiert den abwechslungsreichen Lebensweg von Christoph Martin Wieland, der von 1760 bis 1769 hier als Biberacher Stadtschreiber gewirkt hat. Später wurde er als bedeutender Schriftsteller der Weimarer Klassik bekannt (www.biberach-riss.de).

Wieland Gartenhaus, Saudengasse 10/1, 88400 Biberach, Tel. 073 51/ 514 58, www.wieland-museum.de, Mi–So 14–17 Uhr.

3
11 km
B30/ B465

Im großen Kreisel vor Biberach auf die B30/B465 fahren (3. Ausfahrt) und 11 km bis Oberessendorf.

Strecke: *Gut ausgebaute, schnelle Bundesstraße.*

Skulpturen in der Biberacher Altstadt.

4
16 km
B465

In Oberessendorf links, auf der B465 bleiben und 15 km über Unterschwarzach bis Bad Wurzach. Am Sportplatz rechts halten und 1 km um den Ort.

***Strecke:** Abwechslungsreiche Fahrt. Im letzten Stück der Etappe geht es durch das geheimnisvolle Wurzacher Ried.*

Info: Das Wurzacher Ried ist das größte intakte Hochmoor Mitteleuropas. Es entstand am Ende der letzten Eiszeit und gilt als Reservat für viele vom Aussterben bedrohte Tier- und Pflanzenarten. Mehr über das Moor erfährt man im Naturschutzzentrum in Bad Wurzach, das auch geführte Exkursionen durch das Moor anbietet.

Naturschutzzentrum Bad Wurzach, Rosengarten 1, 88410 Bad Wurzach,
Tel. 075 64/931 20, Mo–Sa 13.30–17 Uhr, So 10–12 Uhr + 13.30–17 Uhr.

5
7 km
L314
L317a

Jetzt rechts in die Ravensburger Straße (L314) abbiegen. Nach 0,5 km links in die Ziegelbacher Straße (L317a) und 6,5 km bis Eintürnen fahren.

***Strecke:** Das einsame Sträßchen bietet wahre Motorradfreuden.*

6
6 km
L317

In Eintürnen rechts abbiegen und 6 km auf der L317 bis Wolfegg fahren – in den Ort hinein.

Strecke: *Herrlich entspanntes Cruisen auf schmaler, wenig befahrener Straße durch eine wunderschöne bäuerliche Landschaft.*

Info: Das Wolfegger Automobilmuseum lohnt einen Besuch. Ausgestellt werden über 200 historische Autos und Motorräder, die der bekannte Motorjournalist Fritz B. Busch gesammelt hat. Das Museum mit seinen zwei großen Ausstellungsräumen befindet sich in einem Nebengebäude des fürstlichen Schlosses von Wolfegg.

Automuseum Busch, Fritz B. Busch-Weg 1, 88364 Wolfegg, Tel. 075 27/62 94, www.automuseum-busch.de, 15.März–Apr., Okt., Nov. 9.30–17.30 Uhr, Mai–Sept. 9.30–18 Uhr.

Die imposante Klosterkirche in Weingarten.

7
15 km
L317

In Wolfegg rechts halten und 15 km – weiterhin auf der L317– über Oberankenreute bis Weingarten.

Strecke: *Fröhliches Auf und Ab durch Wald und Weiden.*

Event-Tipp: Der Blutritt in Weingarten ist die größte Reiterprozession der Welt. Am Freitag nach Christi Himmelfahrt reiten Männer aus ganz Oberschwaben zum Benediktinerkloster Weingarten, um die Heilig-Blut-Reliquie des Klosters zu verehren (www.blutritt.de).

Tipp: Green Hills Run

Event-Tipp: Unter Bikern genießt das Harley-Treffen in Wolfegg Ende Juli einen hervorragenden Ruf. Geboten werden erstklassige Live-Musik, coole Drinks und ein abwechslungsreiches Rahmenprogramm. Übernachten kann man unter freiem Himmel auf dem Zeltplatz (www.green-hills-run.de).

8

4 km

–

Im Zentrum Weingarten links in die Waldseer Straße abbiegen und 4 km nach Ravensburg.

***Strecke:** Innerstädtischer Verkehr in der Doppelstadt.*

Info: Mehr als ein Dutzend Türme haben Ravensburg als Stadt der Türme und Tore berühmt gemacht. Ravensburger Wahrzeichen ist der begehbare, 51 m hohe »Mehlsack«, ein Rundturm, der aus dem 15. Jahrhundert stammt. Sehenswert sind zudem das rote Rathaus, das Waaghaus mit dem Blaserturm und das Lederhaus, die ein prächtiges Ensemble bilden. Vor diesen historischen Fassaden macht das Bummeln richtig Spaß, vor allem samstags, wenn der Wochenmarkt zahlreiche Ravensburger in die Altstadt lockt (www.ravensburg.de).

Heute ist Ravensburg vor allem wegen der Spiele und Bücher aus dem Hause Ravensburger bekannt. Spielernaturen werden sich im sehenswerten Verlagsmuseum Ravensburger Spiele wohlfühlen.

Museum Ravensburger, Marktstraße 26, 88212 Ravensburg, Tel. 075 42/40 01 02

Event-Tipp: Turbulent geht es in Ravensburg am letzten Wochenende vor den Sommerferien zu, wenn die alte Reichsstadt fünf Tage lang ihr Rutenfest zelebriert – mit großem historischem Umzug, Adlerschießen und dem traditionellen Rutenspiel (www.rutenfest.de).

Einladend bunt: die Ravensburger Altstadt

9
14 km
B32
L325

In Ravensburg links auf die vierspurige Wilhelmstraße (B32) abbiegen, dann nach knapp 500 m links in die Frauenstraße (L325) und 13,5 km bis nach Vogt fahren – durch den Ort hindurch.

Strecke: *Nach der etwas nervenaufreibenden Verbindungsetappe geht es auf schmaler, gewundener Straße, die rasch an Höhe gewinnt, weiter.*

10
6 km
L325

Im Kreisverkehr am Ortsausgang von Vogt die 2. Ausfahrt auf die Wangener Straße (L325) nehmen, 6 km bis zur T-Kreuzung bei Leupolz.

Strecke: *Abwechslungsreiche Fahrt mit gefährlicher Kurve in Karsee.*

Info: Der Karsee ist ein kleiner Naturbadesee. Ein Sprung ins kühle Nass erfrischt nach langer Fahrt!

Restaurant- und Hotel-Tipp: Der Adler in Karsee ist ein rustikales Dorfgasthaus. Neben klassischer Hausmannskost stehen auch leckere Salate und schwäbische Gerichte auf der Speisekarte. In den Zimmern des Nebenhauses übernachtet man preisgünstig und ruhig.

Landgasthof Adler, Vogter Straße 1, 88239 Wangen-Karsee, Tel. 075 06/426, www.gasthaus-adler.net

Tipp: Gasthof zum Paradies

Restaurant- und Hotel-Tipp: Der Gasthof zum Paradies in Vogt erfreut sich bei Bikern so großer Beliebtheit, dass er fast schon als Treffpunkt gelten kann. Auf jeden Fall schmecken die täglich wechselnden Mittagsmenüs hervorragend und übernachten kann man in echten Wohlfühl-Landzimmern.

Gasthof Paradies, Ravensburger Straße 8, 88267 Vogt, Tel. 075 29/77 08, www.gasthof-paradies.de €€

11
8 km
L325
B32

Hier rechts und 5 km auf der L325 Richtung Wangen. Bei Herfatz links auf die B32 abbiegen und der Bundesstraße 3 km nach Wangen hinein folgen.

Strecke: *Idyllisches Sträßchen mit wenig Verkehr.*

Info: In der Käserei Leupolz kann man sich mit bestem Allgäuer Bergkäse und anderen Käse-Delikatessen eindecken. Außerdem gibt es einen ausgewiesenen Besucherrundgang, der Einblicke in die Käseproduktion gibt. Auch Führungen sind nach Absprache möglich.

Käserei Leupolz Allgäuer Emmentalerwerk, Steinbergstraße 1, 88239 Wangen, Tel. 075 06/225, www.kaeserei-leupolz.de

12
5 km
L324
L320a

In Wangen links auf die Isnyer Straße (L324) und 1,5 km bis Epplings. Am Epplingser Bach links, über die Brücke und gleich wieder rechts, dann 3,5 km auf der L320a bis nach Gießen fahren.

Restaurant-Tipp: Ein Boxenstopp beim Fidelisbäck in Wangen ist einfach Pflicht. Und sei es nur für ein Laugenhörnle – denn hier kann man zu Recht noch von der Kunst des Backens sprechen.

Fidelisbäck, Paradiesstraße 3, 88239 Wangen, Tel. 075 22/79 59 31, www.fidelisbaeck.de

In der Bäckerei Fidelisbäck serviert man auch leckeren Leberkäs – frisch aus dem Backofen.

13
5 km
–

In Gießen links abbiegen und auf kleinen Straßen 5 km über Sechshöf bis nach Ratzenried.

Strecke: *Geheimtipp für eine sportliche, kurvenreiche Bergfahrt.*

14
13 km
L320
L265

In Ratzenried scharf rechts auf die L320 abbiegen und 13 km über Christazhofen – ab hier auf der L265 – und Neutrauchburg nach Isny fahren.

Strecke: *Ab Christazhofen traumhafte Kurvenwechsel.*

Info: Im Mittelalter war Isny Zentrum der Leinweberei und des Leinwandhandels. Heute hat das Städtchen einen hervorragenden Ruf als heilklimatischer Kurort. Ein Bummel durch die malerische, mittelalterliche Altstadt mit der begehbaren Stadtmauer ist reizvoll. Wen es eher in die Natur zieht, der sollte einen kurzen Abstecher zum 7 km entfernten »Schwarzen Grat« in Erwägung ziehen. Vom 28 m hohen Aussichtsturm auf dem mit 1118 m höchsten Berg des Adelegg hat man eine fantastische Aussicht auf die Allgäuer Alpen bis zum Bodensee. Ideal ist die Anfahrt über die B12. Allerdings muss das letzte Stück Weg zum Aussichtspunkt vom direkt an der B12 gelegenen Großholzleute oder von Überruh zu Fuß zurückgelegt werden.

A Manfred's Bikermühle

Strecke: *Von Wangen 7 km zuerst auf der B32, dann auf der B12 in Richtung Lindau fahren. Der Treffpunkt liegt direkt an der Bundesstraße.*

Restaurant- und Hotel-Tipp: Nicht nur schwäbische Biker schätzen Manfred's Bikermühle zwischen Wangen und Lindau seit vielen Jahren. Das reichhaltige Essen ist so richtig nach Bikers Geschmack, im riesigen Biergarten kann man gemütlich plaudern und abends gibt es bei schönem Wetter immer ein großes Lagerfeuer. Anschließend bettet man sich in der Almhütte zur Ruhe. Auch die Maschinen sind in der Garage gut untergebracht.

Manfred's Bikermühle, Obernützenbrugg 2, 88138 Hergensweiler, Tel. 083 85/273, www.bikermuehle.de €

15
16 km
–
L318

Am Ortseingang von Isny links auf den Nordring. Nach 0,5 km erneut links in die Leutkircher Straße (L318) und 15,5 km bis Leutkirch fahren.

Strecke: *Entspanntes Touren auf sanft geschwungener Straße.*

Info: Wer Leutkirch besucht, sollte die gut 60 m über der Altstadt gelegene Wilhelmshöhe besteigen. Treppen und Serpentinenwege führen vom Oberen Graben hinauf. Von hier hat man einen sehr schönen Blick über die Stadt (www.leutkirch.de).

Restaurant- und Hotel-Tipp: Im Traditionshaus Zum Mohren in Leutkirch lässt sich nicht nur gut speisen, auch die Atmosphäre stimmt, und in den gemütlichen Gästezimmern im historischen Gemäuer übernachtet man gerne. Ein großer Parkplatz liegt direkt vor dem Haus.
Brauerei-Gasthof Zum Mohren, Wangener Straße 1, 88299 Leutkirch, Tel. 075 61/985 70, www.brauereigasthofmohren.de €€

16
8 km
–

In Leutkirch rechts in die Kemptener Straße (L308) und 6 km bis Ellmeney. Hier links abbiegen und auf kleiner Straße 2 km bis Ausnang.

Strecke: *Kleine Landstraßen durch Oberschwaben.*

17
13 km
K7914
L2009

In Ausnang rechts auf die K7914 abbiegen, jetzt links halten und 13 km – ab Legau auf der St2009 – bis zur Einmündung auf die L260 am Stausee.

Info: Im Schwäbischen Bauernhofmuseum in Illerbeuren, dem ältesten Freilichtmuseum Bayerns, stehen über 30 Gebäude aus vier Jahrhunderten, die interessante Einblicke in die Kulturgeschichte des ländlichen Raums zwischen Allgäu und Ries gewähren. Zum Areal gehört auch das Schwäbische Schützenmuseum.

Schwäbisches Bauernhofmuseum, Museumstraße 8, 87758 Kronburg-Illerbeuren, Tel. 083 94/14 55, www.bauernhofmuseum.de, Apr.–15.Okt. Mo–So 9–18 Uhr, 16.Okt.–Nov.+März Mo–So 10–16 Uhr.

18
9 km
L260
St2009

Jetzt rechts auf die L260 abbiegen. Nach 1 km rechts auf die Memminger Straße (St2009) und 8 km über Volkratshofen zurück nach Memmingen.

TOP TIPP **Event-Tipp:** »Schmotz, Schmotz, Dreck auf Dreck, Schellakönig, wüaschte Sau«, singen die Fischer am Fischertag in Memmingen, wenn sie in aller Herrgottsfrüh zum Schrannenplatz ziehen. Im Juli startet dieses berühmte Stadtfest, das ursprünglich auf die Reinigung des Stadtbachs zurückgeht (www.memmingen.de).

E

Feucht-fröhlicher Fischertag in Memmingen.

Bodensee

Schwäbische Riviera

Von den Bergen zum Bodensee

ROUTE 14 Bodensee – Schwäbische Riviera

Ⓐ **Ausgangsort**
Scheidegg (D-88175)

Ⓔ **Zielort**
Radolfzell (D-78315)

98 km ★★★★ ★★

Straßentypen (in Prozent der Streckenlänge)

30 | 70

- Landstraße/asphaltierte Nebenstraße
- Bundesstraße/Schnellstraße

Diese Tour können Sie mit Route 15 kombinieren.

Internationale Bodensee Tourismus GmbH
Hafenstraße 6
D-78462 Konstanz
Tel. 075 31/90 94 90
info@bodensee.eu
www.bodensee.eu

(→ *weitere Adressen siehe Seite 187*)

Die letzten Kurven auf der Deutschen Alpenstraße haben es in sich und bieten atemberaubende Ausblicke. Dann geht es hinab zum Bodensee, zu den pittoresken Städten am Seeufer, den barocken Kirchen, den herrlichen Gärten und Naturschutzgebieten. Entlang des schwäbischen Ufers lässt es sich ebenso entspannt Motorrad fahren wie planschen. Den krönenden Abschluss bildet der Abstecher zur hübschen UNESCO-Welterbe-Insel Reichenau.

Route 14
Stockach
DEUTSCHLAND
A98
B313
13
-Ludwigshafen
B34
Bodmann-
B31
Überlinger See
Überlingen
B33
12
Birnau
K7762
11
Oberuhldingen
E
Radolfzell
Oberschwäbische Barockstraße
Pfahlbaumuseum
Unteruhldingen
Zellersee
Gnadensee
Top Tipp
Reichenau
A
L201
10
Mainau
Meersburg
Konstanz
Staad
Untersee
Steckborn
Kreuzlingen
Immenstaad am Bodensee
Bodensee
Top Tipp
Friedrichshafen
9
Eriskirch
Schlatt
Eriskircher Ried
8
7
6
Kressbronn
Langenargen
K7793
5
Nonnenhorn
Wasserburg
St2375
B12
2
Lindau
4
3
Münsterlingen
A7
SCHWEIZ
Weinfelden
Thurgau
Romanshorn
14
Arbon
Thur
N
Route
5 km
Baden-
Württemberg
Höchsten
832
Gehrenberg
718
Ravensburg
Schussen
B467
Tettnang
B32
Argen
Wangen
B18
BY
B12
A96
Deutsche Alpenstraße
B308
Sigmars-zell
Scheidegg
1
A
Vorarlberg
190
ÖSTERREICH
BW
DEUTSCHLAND
BY
Ulm
Augsburg
München
Rosenheim
Salzburg
Konstanz
Lindau
Kempten
Garmisch-Partenkirchen
Kufstein
Berchtesgaden
Oberstdorf
Innsbruck
SCHWEIZ
ÖSTERREICH

Tour-Stationen auf einen Blick

Tourlänge: 98 km

Nr.	Ort	PLZ	GPS-Koordinaten
A	Scheidegg	D-88175	N 47 35.186 E 09 51.366
02	Lindau	D-88131	N 47 34.524 E 09 42.551
04	Lindau	D-88131	N 47 33.439 E 09 41.326
05	Wasserburg	D-88142	N 47 34.455 E 09 37.951
06	Kressbron	D-88079	N 47 36.255 E 09 35.038
07	Langenargen	D-88085	N 47 35.983 E 09 32.520
08	Schlatt	D-88097	N 47 37.719 E 09 32.648
09	Friedrichshafen	D-88045	N 47 39.177 E 09 28.838
10	Meersburg	D-88709	N 47 41.665 E 09 15.971
11	Oberuhldingen	D-88690	N 47 44.202 E 09 14.277

Nr.	Ort	PLZ	GPS-Koordinaten
12	Birnau	D-88690	N 47 44.838 E 09 13.222
13	Ludwigshafen	D-78351	N 47 49.059 E 09 03.457
E	Radolfzell	D-78315	N 47 44.687 E 08 58.097

Die Tabelle enthält die wichtigsten Stationen der Route – ggf. wurden Orte weggelassen oder zur exakteren Navigation ergänzt; Referenzsystem der GPS-Koordinaten: WGS84

1
15 km
St2378
B308

In Scheidegg auf der Bahnhofstraße (St2378) 1 km nordwärts bis zum Kreisel, hier die 3. Ausfahrt auf die B308 nehmen und 14 km Richtung Lindau.

Strecke: *Wunderschöner Abschluss der Deutschen Alpenstraße mit herrlichen Kurven und überwältigenden Ausblicken.*

Info: Rund 1000 m hoch, in schönster Panoramalage, liegt der Kneippkurort Scheidegg. Von hier blickt man sowohl auf den Bodensee als auch auf die unzähligen Gipfel der Allgäuer, Vorarlberger und Schweizer Alpen. Kurz hinter Scheidegg, bei Rickenbach, rauschen die Scheidegger Wasserfälle in die Tiefe. Vom Parkplatz an der B308 sind sie über einen Spazierweg zu erreichen. Ebenfalls gleich an der B308 liegt der Scheidegger Reptilienzoo. Aus nächster Nähe kann man hier Echsen, Spinnen, Skorpione und Schlangen bestaunen.

Reptilienzoo Scheidegg, Gretenmühle 14, 88175 Scheidegg, Tel. 083 81/891 75 38, www.reptilienzoo-scheidegg.com, Apr.–Sept. Sa–Do 10-18 Uhr,sonst Sa–Do 10-17 Uhr.

Restaurant-Tipp: Das Restaurant Rohrachblick liegt direkt an der B308 zwischen den Scheidegger Wasserfällen und dem Reptilienzoo Scheidegg. Motorradfahrer sind gern gesehen und können im Biergarten eine Pause einlegen. Hier trifft man häufig Zweiradkollegen.

Restaurant Rohrachblick, Gretenmühle 14, 88175 Scheidegg, Tel. 083 81/66 02, www.restaurant-rohrachblick.com

Die Scheidegger Wasserfälle.

2
3 km
B12

Hinter der A96 am Golfclub rechts und über die Auffahrt rechts auf die B12, dann 3 km bis Lindau.

Info: Lindaus denkmalgeschützte Altstadt mit dem reich bemalten Rathaus ist der Stolz aller Einheimischen. Ein Boxenstopp in der Stadt ist Pflicht. Wer das Wasser liebt, sollte den Hafen und seine Umgebung erkunden und von hier den Blick aufs Schwäbische Meer genießen. Die Hafeneinfahrt mit dem 33 m hohen Leuchtturm ist das Wahrzeichen der Stadt. Der Turm wurde 1856 in Betrieb genommen und ist einer der wenigen Leuchttürme mit Turmuhr (www.lindau.de).

3
1 km
St2375

In Lindau im Kreisel am Berliner Platz die 2. Ausfahrt in Richtung Wasserburg (St2375) nehmen und 1 km bis zum nachfolgenden Kreisverkehr.

Hotel-Tipp: Im Insel-Hotel in Lindau freut man sich besonders über Gäste, die die Leidenschaft für das Motorradfahren mit der Gastgeberfamilie teilen. Das Haus liegt auf der Lindauer Insel, Motorradstellplätze sind kostenlos. Neben dem Biken sind Bücher ein weiteres Steckenpferd der Betreiber. Es gibt eine Bibliothek und einmal jährlich ein festliches Menü samt Lesung, den »Lindauer Literaturschmaus«.

Insel Hotel Garni, Maximilianstraße 42, 88131 Lindau, Tel. 083 82/50 17, www.insel-hotel-lindau.de €€

Wunderschön leuchtet die reich verzierte Fassade des Lindauer Rathauses in der Sonne.

4
4 km
–
St2375

Im Kreisel an der Wackerstraße die 1. Ausfahrt nehmen. Den gleich folgenden Kreisel über die 2. Ausfahrt auf die Friedrichshafener Straße (St2375) verlassen, 4 km bis Wasserburg fahren.

Info: An der Spitze der Wasserburger Halbinsel hebt sich die malerische Barockkirche St. Georg vom Blau des Wassers eindrucksvoll ab – einer der schönsten Anblicke am Bodensee. Die Insel war von jeher ein strategischer Platz, beim Adelsgeschlecht Montfort als auch bei den Fuggern begehrt, und wechselte daher früher mehrmals ihre Besitzer.

Barock am Bodensee: St. Georg in Wasserburg.

5
6 km
–

In Wasserburg geradeaus, 6 km über Nonnenhorn bis zum Kreisverkehr hinter Kressbronn fahren.

Strecke: *Swingend an Obst- und Rebgärten vorbei.*

Info: In Nonnenhorn steht eine der letzten 15 Torkeln des Bodenseeraums. Die alte Weinpresse stammt aus dem 16. Jahrhundert. Neben dem modernen Gebäude des Rebhofs Am alten Torkel, wo man hervorragende Bodenseeweine kosten kann, ist sie zu besichtigen.

Rebhof Zum alten Torkel, Conrad-Forster-Straße 23-25, 88149 Nonnenhorn, Tel. 083 82/88 71 16, www.rebhof-am-see.de

6

4 km

L334

Jetzt die 3. Ausfahrt auf die L334 nehmen und der Straße 4 km bis Langenargen folgen.

Strecke: *Beschauliche Fahrt durch das grüne Mündungsdelta des Argen, das wie ein Horn in den See hineinragt.*

Info: Als 1866 auf einer Halbinsel westlich der Argenmündung eine königliche Residenz im Auftrag König Wilhelms I. von Württemberg erbaut wurde, staunte mancher nicht schlecht und rümpfte dabei die Nase. Stein des Anstoßes waren die deutlich maurischen Elemente des neuen Gebäudes. Heute dagegen ist das lieblich-exotische Schloss Montfort eine echte Touristenattraktion. Vom Schlossturm bietet sich ein majestätischer Blick über den See bis zu den Alpen.

Schloss Montfort, Untere Seestraße 3, 88085 Langenargen, Turmbesteigung Mitte Apr.–Okt. Mo–So 10–12 Uhr + 13–17 Uhr.

Event-Tipp: Alljährlich im Juli/August findet in Langenargen das Uferfest statt, ein echtes Erlebnis mit einem prächtigen Seefeuerwerk und dem traditionellen Fischerstechen (www.langenargen.de).

7

3 km

L334

In Langenargen geradeaus und 3 km der L334 bis zur Auffahrt zur B31 bei Schlatt folgen.

Tipp: Eriskircher Ried

Info: Zwischen Langenargen und Eriskirch erstreckt sich das einzigartige Naturschutzgebiet Eriskircher Ried. Im Frühling und Herbst rasten hier auf den Schlammbänken Regenpfeifer, Schnepfen und Kiebitze, die sich auf dem Weg in ihre Überwinterungsgebiete befinden. Am Bodensee gibt es zwei Plattformen, auf denen die Wasservögel beobachtet werden können, zudem informieren zwei neue Lehrpfade über die naturkundlichen Besonderheiten des Rieds. Besonders schön ist das Ried übrigens im Mai, wenn Mehlprimeln und Schwertlilien aufblühen. Informationen gibt es im Naturschutzzentrum in Eriskirch.

Naturschutzzentrum Eriskirch, Bahnhofstr. 24, 88097 Eriskirch, Tel. 075 41/818 88, www.naturschutzzentren-bw.de, Apr.–Sept. Di–So 14–17 Uhr, Fr auch 9–12 Uhr, Okt.–März Di–Do 14–16 Uhr, Fr 9–12 Uhr, So 14–17 Uhr.

8

6 km

B31
L328a

Im Kreisel die 1. Ausfahrt zur B31 nehmen und der Bundesstraße 3 km bis zur Abfahrt nach Friedrichshafen folgen. Hier rechts abfahren und 3 km auf der L328a nach Friedrichshafen hineinfahren.

Top Tipp **Info:** Friedrichshafen ist eine Industriestadt, die im Zweiten Weltkrieg großflächig wegen der hier ansässigen Rüstungsindustrie zerstört wurde. Eine einmalige Attraktion ist jedoch das Zeppelin Museum, das die weltweit bedeutendste Sammlung zur Geschichte der »fliegenden Zigarren« präsentiert. Ein Höhepunkt der Schau ist der Spaziergang durch das 33 m lange, rekonstruierte Teilstück des Zeppelins »Hindenburg« und seine komfortablen Passagierräume.

Zeppelin Museum, Seestraße 22, 88045 Friedrichshafen, Tel. 075 41/380 10, www.zeppelin-museum.de, Mai–Okt. Di–So 9–17 Uhr, Nov.–April 10–17 Uhr.

Restaurant- und Hotel-Tipp: Nur wenige Schritte von der Uferpromenade in Friedrichshafen liegt der Gasthof Rebstock. Motorräder finden einen kostenlosen Parkplatz in der Garage, die Piloten werden im Biergarten mit traditioneller schwäbischer Küche verköstigt und können in den ruhigen Gästezimmern ausschlafen.

Gasthof Rebstock, Werastraße 35, 88045 Friedrichshafen, Tel. 075 41/950 16 40, www.gasthof-rebstock-fn.de €€

Eindrucksvolle Dimensionen: die Zeppelinhalle im Zeppelin Museum Friedrichshafen.

9

19 km

B31
B33

In Friedrichshafen rechts in die Montfortstraße abbiegen, gleich wieder links auf die B31 und der Bundesstraße 17 km nach Meersburg folgen. Hier rechts auf die B33 und 2 km bis zum Fährhafen.

Info: Die reizvolle Lage direkt am See und die zauberhaften Gassen und Plätze locken seit jeher Romantiker nach Meersburg. Das Stadtbild wird von der trutzigen Meersburg mit ihrem auffälligen Dagobertturm geprägt. Prominente Bewohnerin war die Dichterin Annette von Droste-Hülshoff (1797–1848). Ihr Arbeits- und Sterbezimmer kann man neben diversen Exponaten aus dem Mittelalter im Burgmuseum besichtigen. Nicht weit entfernt zeigt auch das Droste-Museum im »Fürstenhäusle« Möbel, Bilder und Handschriften der Dichterin.

Burgmuseum Meersburg, Schlossplatz 10, 88709 Meersburg, Tel. 075 32/800 00, www.burg-meersburg.de, März–Okt. Mo–So 9–18.30 Uhr, Nov.–Feb. Mo–So 10–18 Uhr.

Droste-Museum, Stettener Straße 11, 88709 Meersburg, Tel. 075 32/60 88, www.fuerstenhaeusle.de, April–Okt. Di–Sa 10–12.30 Uhr, 14–18 Uhr, So 14–18 Uhr.

Restaurant- und Hotel-Tipp: Passend zum Bilderbuch-Ambiente der Stadt Meersburg: das Romantik-Hotel Residenz am See mit Restaurant, Hotelbar, Terrasse und einem Parkplatz für Motorräder.

Residenz am See, Uferpromenade 11, 88709 Meersburg, Tel. 075 32/800 40, www.hotel-residenz-meersburg.com €€€

Tipp: Ballonfahrt Bodensee

Info: Ein nicht ganz billiges, aber umso eindrucksvolleres Erlebnis ist eine Ballonfahrt über die Bodenseelandschaft. Auch nördlich von Friedrichshafen starten die kugelrunden Luftschiffe.

Ballonfahrten Allgäu-Bodensee, Dietostraße 11
88046 Friedrichshafen, Tel. 075 41/312 80,
www.www.ballonfahrten-bodensee.de

Romantisch im Abendlicht: die Meersburg.

10
6 km
L201

Am Fährhafen rechts in die Unteruhldinger Straße (L201) abbiegen und 6 km über Unteruhldingen bis Oberuhldingen fahren.

Strecke: *Verschwiegene Straße am Bodenseeufer entlang.*

Info: Einen Eindruck, wie man vielleicht vor 5000 Jahren am Bodensee gelebt hat, vermittelt die Pfahlbausiedlung in Unteruhldingen. Auf Stegen kann man die z. T. über dem Wasser gebauten Rekonstruktionen zweier Dörfer aus der Jungsteinzeit und Bronzezeit erkunden.
Pfahlbaumuseum, Strandpromenade 6, 88690 Unteruhldingen, Tel. 075 56/92 89 00, www.pfahlbauten.de, Apr.–Sept. Mo–So 9–19 Uhr, Okt. Mo–So 9–17 Uhr.

11
2 km
K7762

In Oberuhldingen links auf die Oberschwäbische Barockstraße (K7762), 2 km bis zur B31 bei Birnau.

Strecke: *Auf der Oberschwäbischen Barockstraße. Ein paar schöne Kurven würzen den Blick auf den See und auf die Klosterkirche Birnau.*

Info: Hoch über dem Bodensee zwischen Obstwiesen und Weingärten thront die barocke Wallfahrtskirche St. Maria (1746–1750) in Birnau. Der Innenraum ist verschwenderisch im Rokokostil ausgestattet. Von hier oben hat man den wohl schönsten Blick auf den Bodensee.

Stadt in der Sonne: Überlingen am Bodensee.

12
16 km
B31

In Birnau links auf die B31 und der Bundesstraße 16 km über Überlingen bis Ludwigshafen folgen.

Strecke: *Cruisen mit herrlichen Aussichten auf den Überlinger See.*

Info: Exotische Pflanzenpracht und eine lange, sonnenverwöhnte Uferpromenade: Überlingen versprüht mediterranen Charme. Wer nicht nur flanieren möchte, sollte sich hier das spätgotische Münster St. Nikolaus mit seinem weltberühmten geschnitzten Hochaltar (1613–16) des oberschwäbischen Bildhauers Jörg Zürn ansehen. 22 lebensgroße und rund 50 kleine Figuren zieren das Kunstwerk.

13
13 km
B34

In Ludwigshafen dem Verlauf der Straße nach links folgen und 13 km auf der B34 bis Radolfzell fahren.

Event-Tipp: Radolfzell feiert am 3. Sonntag im Juli das Hausherrenfest zu Ehren seiner Stadtpatrone. Abends gibt es ein fulminantes Feuerwerk am Seeufer. Am darauffolgenden Montag wallfahren die Einwohner der Gemeinde Moos auf girlandengeschmückten Booten über den See nach Radolfzell (www.radolfzell.de).

A Reichenau

TOP TIPP **Info:** Die Insel Reichenau ist die größte Bodenseeinsel und berühmt für ihren Gemüseanbau. Neben der einmaligen Atmosphäre locken vor allem die drei gut erhaltenen Klosterkirchen aus dem frühen Mittelalter und die dort zu besichtigenden, wertvollen Kunstschätze Besucher an. Im Jahr 2000 wurde die Insel in die Welterbeliste der UNESCO aufgenommen. Vom nahen Radolfzell kann man sie mit dem Schiff erreichen. Mit dem Motorrad gelangt man über einen Damm auf die Reichenau.

Event-Tipp: Auf der Insel Reichenau wird jedes Jahr im Juli/August ein reizvolles Wein- und Fischerfest gefeiert.

Informationen: Verkehrsverein Insel Reichenau, Tel. 075 34/920 70, www.reichenau.de

Südseeträume

Am Südufer des Bodensees

15

ROUTE 15 Bodensee – Südseeträume

Ⓐ **Ausgangsort**
Lindau (D-88131)

Ⓔ **Zielort**
Meersburg (D-88709)

110 km ★★★★ ★★★

Straßentypen (in Prozent der Streckenlänge)

Landstraße/asphaltierte Nebenstraße	Bundesstraße/Schnellstraße
50	50

Pass-Überquerungen: 1

Diese Tour können Sie mit Route 14 kombinieren.

St.Gallen-Bodensee Tourismus
Gallusstraße 20
CH-9001 St. Gallen
Tel. 00 41/(0)71/227 37 37
info@st.gallen-bodensee.ch
www.st.gallen-bodensee.ch

(➔ *weitere Adressen siehe Seite 187*)

Deutschlands größter und südlichster See ist ein Traum, besonders für Motorradfahrer. Genau genommen liegt der Bodensee ja zwischen Deutschland, Schweiz und Österreich und so führt diese Tour zum südlichen Ufer des Bodensees durch alle drei Länder. Echter Fahrspaß kommt vor allem beim spritzigen Exkurs nach St. Gallen auf, in Ufernähe hingegen weht ein Hauch von Südsee unters Visier, wenn man entspannt am Wasser entlang tourt.

Route 15
DEUTSCHLAND
Friedrichs-
hafen
Meersburg
Staad
Mainau
Reichenau
Gnaden-
see
Untersee
Konstanz
Kreuzlingen
Immenstaad
am Bodensee
Tettnang
Baden-
Wüettemberg
Wangen
Obere Argen
Münsterlingen
Eriskirch
Argen
Lindenberg
i. Allgäu
Thurgau
Langenargen
Kressbronn
Sigmarszell
Simmerberg
Weinfelden
Thur
Romanshorn
Wasserburg
Lindau
Bayern
Bodensee
Arbon
Roggwil
Rorschach
Bregenz
Pfänder
1064
ÖSTERREICH
Bregenzerach
SCHWEIZ
Sitter
Thur
St. Gallen
Wittenbach
Kronbühl
St. Gallen
Vorarlberg
Rhein
Lustenau
Müselbach
Dornbirn
Hochälpele
1464
Speicher
Trogen
St. Anton
1003
Ruppen-
pass
Balgach
Diepoldsau
Altstätten
Hohenems
Herisau
Teufen
AR
AI
SG
Schussen
N
Route
5 km
DEUTSCHLAND
BW
BY
Ulm
Augsburg
München
Rosenheim
Salzburg
Konstanz
Lindau
Kempten
Garmisch-
Partenkirchen
Berchtesgaden
Kufstein
Oberstdorf
Innsbruck
SCHWEIZ
ÖSTERREICH
A7
A1
A13
A14
A96
B33
B467
B18
B12
B31
B32
B308
13
14
190
200
205

Tour-Stationen auf einen Blick

Tourlänge: 110 km

Nr.	Ort	PLZ	GPS-Koordinaten
A	Lindau	D-88131	N 47 33.236 E 09 41.530
02	Lindau	D-88131	N 47 32.813 E 09 43.498
03	Bregenz	A-6900	N 47 30.095 E 09 44.691
04	Hohenems	A-6845	N 47 22.045 E 09 41.338
05	Diepoldsau	CH-9444	N 47 23.146 E 09 39.271
06	Balgach	CH-9436	N 47 24.404 E 09 36.336
07	Altstätten	CH-9450	N 47 22.723 E 09 32.292
08	Trogen	CH-9043	N 47 24.478 E 09 27.874
09	St. Gallen	CH-9000	N 47 25.720 E 09 22.674
10	Kronbühl	CH-9302	N 47 27.563 E 09 23.700

Nr.	Ort	PLZ	GPS-Koordinaten
11	Arbon	CH-9320	N 47 30.760 E 09 26.032
12	Arbon	CH-9320	N 47 31.285 E 09 24.799
13	Konstanz	D-78462	N 47 39.507 E 09 10.247
14	Konstanz/Fähranleger	D-78462	N 47 40.936 E 09 12.669
E	Meersburg	D-88709	N 47 41.646 E 09 15.949

Die Tabelle enthält die wichtigsten Stationen der Route – ggf. wurden Orte weggelassen oder zur exakteren Navigation ergänzt; Referenzsystem der GPS-Koordinaten: WGS84

1
3 km
St2375

Von Lindau auf der Bregenzer Straße (St2375) 3 km in Richtung Bregenz/Österreich fahren.

Info: Die Altstadt von Lindau mit ihrem malerischen Hafen liegt auf einer Insel im Bodensee. Mit dem Festland ist sie durch eine Seebrücke und einem Eisenbahndamm verbunden. Über der Hafeneinfahrt wacht der 6 m hohe bayerische Löwe, auf der anderen Seite bezieht der 33 m hohe Leuchtturm Position. Ihn zu erklimmen lohnt sich, von oben hat man einen weiten Blick auf Stadt, See und Berge.

Restaurant-Tipp: Ein Fest für alle Sinne bietet das exklusive Lindauer Hoyerberg Schlössle seinen Gästen. Nicht nur die regionale Küche ist erstklassig, auch die Lage ist fantastisch. Beim Blick vom Hoyerberg auf den See bekommen selbst hartgesottene Biker feuchte Augen.
Hoyerberg Schlössle, Hoyerbergstraße 64, 88131 Lindau, Tel. 083 82/252 95, www.hoyerbergschloessle.de, Mo Ruhetag, Di mittags geschlossen €€€

2
6 km
–
190

Rechts abbiegen, auf der Bregenzer Straße bleiben (nicht zur A96) und 6 km – ab der österreichischen Grenze auf der 190 – nach Bregenz hineinfahren.

Strecke: *Um das östliche Ende des Bodensees herum. Schöne Blicke auf den See, im Hintergrund winken die Bregenzer Bucht und die Berge.*

3
18 km
190

In Bregenz links in die Montfortstraße (190) einbiegen, nach 500 m rechts halten und 17,5 km über Dornbirn bis Hohenems.

Strecke: *Meistens geradeaus durch Siedlungs- und Gewerbegebiete.*

Hotel-Tipp: Im Herzen von Bregenz liegt das Hotel Garni Helvetia, ein motorradfreundliches Hotel mit Biker-Garage. Seepromenade und Hafen sind in wenigen Minuten zu Fuß erreichbar. In der Festspielzeit muss man hier wie in anderen Hotels mit höheren Preisen rechnen.

Hotel Garni Helvetia, Montfortstraße 13, A-6900 Bregenz, Tel. 00 43/(0)55 74/428 60, www.hotel-helvetia-bregenz.at €€

Event-Tipp: Die Bregenzer Festspiele von Mitte Juli bis Ende August sind bekannt für ihre aufwendigen und spektakulären Inszenierungen. Mit großem Materialeinsatz werden auf der Seebühne vor der natürlichen Kulisse des Bodensees überdimensionale Bühnenbilder aufgebaut und raffiniert beleuchtet. Man spielt bekannte Opern, Musicals und Operetten. Empfehlenswert ist eine öffentliche Führung, bei der man spannende Blicke hinter die Kulissen werfen kann.

Bregenzer Festspiele Kartenbüro, Platz der Wiener Symphoniker 1, A-6901 Bregenz, Tel. 00 43/(0)55 74/4076, www.bregenzerfestspiele.com, Führungen: 4. Juni–16. Juli Fr 16 Uhr, 21. Juli–22. Aug. Mo–So 11.30, 14.40, 15.30 Uhr.

Immer ein fantasievoller Blickfang: die Bühnenbilder der Bregenzer Festspiele

4
3 km
–

Am Ortsanfang von Hohenems rechts in die Diepoldsauer Straße abbiegen und 3 km über die Schweizer Grenze nach Diepoldsau fahren.

Info: Hohenems wird beherrscht von der Pfarrkirche St. Karl Borromäus. Im Innern des Gotteshauses lohnt sich ein Blick auf den figurenreichen Renaissance-Hochaltar. Mit der Kirche verbunden ist das ehemalige Residenzschloss der Grafen von Hohenems. Der Renaissancebau befindet sich in Privatbesitz, überregional bekannt wurde er, weil hier im 18. Jahrhundert zwei bedeutende Handschriften des mittelhochdeutschen Nibelungenliedes gefunden wurden. Vom Palast erreicht man über einen kurzen Spaziergang auch die mittelalterliche Burgruine Altems und Schloss Glopper (www.hohenems.at).

5
5 km
–

In Diepoldsau links in die Vordere Kirchstraße abbiegen und 5 km bis Balgach.

Strecke: *Durch die Felder und Wiesen des Rheintals.*

6
6 km
13

In Balgach links auf die 13 abbiegen und der Hauptstrasse 6 km bis Altstätten folgen.

Tipp: Pfänder

Info: Schwebt man mit der Pfänderbahn von Bregenz auf den 1064 m hohen Bregenzer Hausberg, genießt man einen atemberaubenden Panoramablick auf dreier Länder Natur – der See ist immer dabei. Die Kabinen der Pfänderbahn befördern bis zu 80 Personen und fahren im Halbstundentakt zum Gipfel, bei Bedarf auch öfter. Die Adlerwarte und der Alpenwildpark sind weitere Attraktionen hier oben. Nicht weit von der Pfänderbahn-Bergstation kann man sich auf einen 40-minütigen Rundgang begeben und sich an der Adlerwarte eine Flugschau ansehen.

Pfänderbahn AG, Steinbruchgasse 4,
A-6900 Bregenz, Tel. 00 43/(0)55 74/42 16 00,
www.pfaenderbahn.at

Adlerwarte Pfänder, A-6911 Lochau,
Tel. 00 43/(0)6 64/905 30 40, Flugvorführungen:
Mai–Okt. Mo–So 11 + 14.30 Uhr.

7
13 km
–

In Altstätten geradeaus auf die Trogenerstraße. Nach dem Linksknick scharf rechts abbiegen, weiterhin auf der Trogenerstraße bleiben und 13 km über den Ruppenpass bis Trogen fahren.

Strecke: Der nur wenig frequentierte Ruppenpass (1003 m) geht mit maximal 6 Prozent Steigung zwar nicht so hoch hinaus, ist aber schön zu fahren und mit Kurven nur so gespickt.

Info: Der Ruppenpass verbindet die Schweizer Kantone St. Gallen und Appenzell Ausserrhoden. Die Scheitelhöhe des Passes wird leicht übersehen. Lohnenswert ist ein kleiner Schlenker auf schmaler Straße ins etwas nördlich gelegene St. Anton zum Aussichtspunkt Frohe Aussicht. Von hier hat man einen herrlichen Blick zum Bodensee und über das Appenzeller Land.

8
9 km
–

In Trogen am Dorfplatz links auf die Speicherstraße abbiegen und 9 km bis nach St. Gallen – hier dem Straßenverlauf bis zum Unteren Graben folgen.

Strecke: Kurvenreiche und gut ausgebaute Straße.

Farbenfrohe Häuser, bunter Asphalt: Altstätten.

9

4 km

–

In St. Gallen am Unteren Graben rechts in die St.-Jakob-Straße abbiegen, 4 km bis Kronbühl.

Strecke: *Die Altstadt von St. Gallen ist für den Verkehr weitestgehend gesperrt. Parken kann man das Motorrad in der Nähe des zentralen Marktplatzes.*

Info: St. Gallen ist das kulturelle und wirtschaftliche Zentrum der Ostschweiz. Ein Spaziergang durch die Altstadt mit den verzierten Fachwerkhäusern ist eindrucksvoll und entspannend, ebenso wie ein Bummel über die kleinen Kunst- und Trödelmärkte. Berühmteste Sehenswürdigkeit St. Gallens ist das von der UNESCO zum Welterbe erklärte Benediktinerkloster, das auf den irischen Wandermönch Gallus zurückgeht. Die spätbarocke Stiftskirche St. Gallen wurde 1755 bis 1765 errichtet und besticht durch ihre prächtige Ostfassade sowie opulente Stuckaturen, Fresken, Plastiken und Holzarbeiten im Innern. Im Westtrakt des Klosters befindet sich die nicht minder prächtig ausgestattete Stiftsbibliothek mit 150 000 Büchern, darunter wertvolle, uralte deutsche Schriftdokumente aus dem Mittelalter. Den weltberühmten Rokoko-Lesesaal darf man nur mit Filzpantoffeln betreten.

Stiftsbibliothek, Klosterhof 6D, CH–9000 Sankt Gallen, Tel. 00 41/(0)71/227 34 16, www.stiftsbibliothek.ch, Mo–Sa 10–17 Uhr, So 10–16 Uhr.

Die imposante Stiftskirche St. Gallen.

10
9 km
–

In Kronbühl rechts in die Arbonerstraße abbiegen und 9 km über Roggwil nach Arbon hineinfahren.

Info: Als eines der schönsten Bäder der Schweiz wurde das idyllisch am Bodenseeufer gelegene Strandbad Buchhorn in Arbon ausgezeichnet. Schatten spenden alte Bäume, es gibt auch ein Volleyballfeld.
Strandbad Buchhorn, CH-9320 Arbon, Tel. 00 41/(0)71/446 13 33, www.arbon.ch, geöffnet Mitte Mai bis Sept.

11
3 km
–
13

Im Kreisel in Arbon die 2. Ausfahrt nehmen und 0,5 km – weiter auf der St. Gallerstraße – bis zur Hauptstrasse 13 am Bahnhof. Hier links durch die Innenstadt 2,5 km in Richtung Romanshorn.

12
26 km
13

Hinter Arbon rechts abbiegen, um auf der 13 zu bleiben, und 26 km über Romanshorn bis zum Grenzübergang Kreuzlingen/Konstanz fahren.

Strecke: *Entspanntes Cruisen immer auf Tuchfühlung mit dem Bodensee. Fast schon südländisch ist die Stimmung hier am Ufer.*

13
2 km
–

Ab der Grenze auf der Kreuzlinger Straße 500 m bis zur Bodanstraße in Konstanz fahren. Hier rechts, nach 500 m am Bahnhofplatz links und 1 km dem Streckenverlauf bis über die Rheinbrücke folgen.

Info: Obgleich Konstanz als einstige alemannische Bischofsstadt durchaus würdevoll wirkt, gibt es auch viel Schräges zu entdecken, beispielsweise die geneigten Häuserfronten in der Altstadt und der Universitätsbau. Schräg sind auch die zahlreichen Szenelokale, in denen sich die coolen Pistenprofis treffen. Meer erleben kann man im Sealife Centre am Konstanzer Zollhafen. In 40 Wasserbecken wird die Unterwasserwelt erforscht: die Südsee ebenso wie der Rhein.

Sea Life, Hafenstraße 9, 78462 Konstanz , Tel. 01 80/566 69 01 01, www.sealife.de, Juli–13. Sept. Mo–So 10–19 Uhr, Mai–Juni 14. Sept.–Okt. Mo–So 10–18 Uhr, Nov.–Apr. Mo–Fr 10–17 Uhr, Sa+So 10–18 Uhr.

Restaurant- und Hotel-Tipp: Auf der anderen Rheinseite in Konstanz liegt das Hotel Waldhaus Jakob. Von hier genießt man den Blick zurück auf das Schweizer Ufer. Im Restaurant wird schnörkellose, gutbürgerliche Küche auf den Tisch gebracht, bei warmem Wetter serviert man auch im schönen Biergarten. Parkplätze sind kostenlos.

Waldhaus Jakob, Eichhornstraße 84, 78462 Konstanz, Tel. 075 31/810 00, www.waldhaus-jakob.de €€€

Historisches Bilderbuch: Fresken am Konstanzer Rathaus.

14
3 km
B33

Hinter der Rheinbrücke geradeaus auf die B33 und 3 km bis zum Fähranleger Staad Fahren. Mit der Schnellfähre nach Meersburg übersetzen.

Info: Der Blick auf Meersburg vom See her ist atemberaubend und die berühmteste Bürgerin Meersburgs, die deutsche Schriftstellerin Annette von Droste-Hülshoff, rief bereits vor 150 Jahren beglückt: »Es ist unerhört! Die Aussicht ist fast zu schön!« Von der Sonne verwöhnt liegt die Stadt inmitten von Weinbergen und versprüht mediterranes Flair. Die verwinkelten Gässchen und verborgenen Plätze laden zum Bummel und Erkunden ein (www.meersburg.de).

Hotel-Tipp: Der Bären ist der älteste Gasthof in Meersburg. Markenzeichen des Traditionshauses ist der große Erker, der zusammen mit dem Obertor ein prächtiges, mittelalterlich anmutendes Ensemble formt. Besonders schön sind die Zimmer mit Blick aus dem Erker.
Hotel zum Bären, Marktplatz 11, 88709 Meersburg, Tel. 075 32/432 20, www.baeren-meersburg.de €€

E **Event-Tipp:** Eines der größten der vielen Weinfeste rund um den Bodensee ist das Bodensee-Weinfest in Meersburg. Jedes Jahr am zweiten Septemberwochenende feiert man ausgelassen auf dem Meersburger Schlossplatz. Probieren kann man Spezialitäten der Meersburger Bäcker, Metzger, Fischer – und natürlich der Winzer.

Straßencafés, bunte Häuser und verwinkelte Gassen – das ist die Altstadt von Meersburg.

Traumhafter Blick nach Süden über Meersburg auf das »Schwäbische Meer«.

NÜTZLICHE ADRESSEN

Route 1 (→ *siehe Seite 8*)

Nationalparkverwaltung Berchtesgaden
Doktorberg 6
D-83471 Berchtesgaden
Tel. 086 52/968 60
poststelle@npv-bgd.bayern.de
www.nationalpark-berchtesgaden.bayern.de

Tourist-Info Bad Reichenhall
Wittelsbacher Straße 15
D-83435 Bad Reichenhall
Tel. 086 51/60 60
info@bad-reichenhall.de
www.bad-reichenhall.com

Route 2 (→ *siehe Seite 20*)

Gäste-Information Wasserburg am Inn
Marienplatz 2
D-83512 Wasserburg am Inn
Tel. 080 71/105 22
touristik@stadt.wasserburg.de
www.wasserburg.de

Tourist-Info Reit im Winkl
Dorfstraße 38
D-83242 Reit im Winkl
Tel. 086 40/800 27
info@reit-im-winkl.de
www.reitimwinkl.de

Tourist-Info Rosenheim
Kufsteiner Straße 4
D-83022 Rosenheim
Tel. 080 31/365 90 61
www.rosenheim.de

Route 3 (→ *siehe Seite 32*)

Tourismusamt München
Sendlinger Str. 1
D-80331 München (Stadtplan)
Tel. 089/23 39 65 00
tourismus@muenchen.de
www.muenchen-tourist.de

Tegernseer Tal Tourismus GmbH
Hauptstraße 2
D-83684 Tegernsee
Tel. 080 22/92 73 80
info@tegernsee.com
www.tegernsee.com

Route 4 (→ *siehe Seite 42*)

Tourist-Information Mittenwald
Dammkarstraße 3
D-82481 Mittenwald
Tel. 088 23/339 81
touristinfo@markt-mittenwald.de
www.mittenwald.de

Tourismusverband Achensee
Rathaus 387
A-6215 Achensee
Tel. 00 43/(0)52 46/53 00
info@achensee.info
www.achensee.info

Touristikverein Deutsche Alpenstraße
c/o TVB München-Oberbayern e. V.
Radolfzeller Straße 15
D-81243 München
Tel. 089/8292180
deutschealpenstrasse@oberbayern.de
www.deutsche-alpenstrasse.de

Route 5 (→ *siehe Seite 54*)

Tourismusamt München
Sendlinger Str. 1
D-80331 München (Stadtplan)
Tel. 089/23 39 65 00
tourismus@muenchen.de
www.muenchen-tourist.de

Tourist Info Walchensee
Ringstraße 1
D-82432 Walchensee
Tel. 088 58/411
info@walchensee.de
www.walchensee.de

Route 6 (→ *siehe Seite 66*)

Tourismusverband Ammersee-Lech e. V.
Hauptplatz 152
D-86899 Landsberg am Lech
Tel. 081 91/12 82 47
info@ammerseelech.de
www.ammerseelech.de

Kloster Andechs
Bergstraße 2
D-82346 Andechs
Klosterpforte
Tel. 081 52/37 60
info@andechs.de
www.andechs.de

Tourist-Info-Dießen
Schützenstraße 9
D-86911 Dießen am Ammersee
Tel. 088 07/10 48
info@diessen.de
www.tourist-info-diessen.de

Route 7 (→ *siehe Seite 78*)

Tourist Info Walchensee
Ringstraße 1
D-82432 Walchensee
Tel. 088 58/411
info@walchensee.de
www.walchensee.de

Tourismusgemeinschaft Zugspitz-Region
Richard-Strauss-Platz 1a
D-82467 Garmisch-Partenkirchen
Tel. 088 21/18 04 84
info@zugspitz-region.de
www.zugspitz-region.de

Tourist-Information Garmisch-Partenkirchen
Richard-Strauß-Platz 2
D-82467 Garmisch-Partenkirchen
Tel. 088 21/18 07 00
tourist-info@gapa.de
www.gapa.de

NÜTZLICHE ADRESSEN

Route 8 (➔ *siehe Seite 90*)

Tourismusgemeinschaft Zugspitz-Region
Richard-Strauss-Platz 1a
D-82467 Garmisch-Partenkirchen
Tel. 088 21/18 04 84
info@zugspitz-region.de
www.zugspitz-region.de

Verkehrsamt Oberau
Schmiedeweg 10
D-82496 Oberau
Tel. 088 24/939 73
info@oberau.de
www.oberau.de

Route 9 (➔ *siehe Seite 100*)

Prospektservice Allgäu
Allgäuer Straße 1
D-87435 Kempten
Tel. 018 05/12 70 00 *(0,14 €/min)*
info@allgaeu.info
www.allgaeu.info

Tourist Information Oberammergau
Eugen-Papst-Straße 9a
D-82487 Oberammergau
Tel. 0 88 22/92 27 40
info@oberammergau.de
www.oberammergau.de

Route 10 (➔ *siehe Seite 112*)

Gästeinformation Bad Hindelang
Am Bauernmarkt 1
D-87541 Bad Hindelang
Tel. 083 24/89 20
info@hindelang.net
www.bad-hindelang.infot

Bregenzerwald Tourismus
Gerbe 1135
A-6863 Egg
Tel. 0043/(0)55 12/2365
info@bregenzerwald.at
www.bregenzerwald.at

Route 11 (➔ *siehe Seite 122*)

Tourist Information Kempten
Rathausplatz 24
D-87435 Kempten
Tel. 0831/252 52 37
touristinfo@kempten.de
www.kempten.de

Stadtinformation Memmingen
Marktplatz 3
D-87700 Memmingen
Tel. 083 31/85 01 72
info@memmingen.de
www.memmingen.de

Route 12 (➔ *siehe Seite 136*)

Touristikverein Deutsche Alpenstraße
c/o TVB München-Oberbayern e. V.
Radolfzeller Straße 15
D-81243 München
Tel. 089/8292180
deutschealpenstrasse@oberbayern.de
www.deutsche-alpenstrasse.de

Gäste-Information Immenstadt
Marienplatz 12
D-87509 Immenstadt i. Allgäu
Tel. 083 23/91 41 76
info@immenstadt.de
www.immenstadt.de

Route 13 (➔ *siehe Seite 148*)

Tourist Information Ravensburg
Kirchstraße 16
D-88212 Ravensburg
Tel. 07 51/828 00
tourist-info@ravensburg.de
www.ravensburg.de

Stadtinformation Memmingen
Marktplatz 3
D-87700 Memmingen
Tel. 083 31/85 01 72
info@memmingen.de
www.memmingen.de

Route 14 (➔ *siehe Seite 162*)

Tourist-Information Friedrichshafen
Bahnhofplatz 2
D-88045 Friedrichshafen
Tel. 075 41/300 10
tourist-info@friedrichshafen.de
www.friedrichshafen.info

ProLindau Marketing GmbH
Lennart-Bernadotte-Haus
Alfred-Nobel-Platz 1
D-88131 Lindau im Bodensee
Tel. 083 82/26 00 30
info@prolindau.de
www.lindau-tourismus.de

Route 15 (➔ *siehe Seite 174*)

Tourist-Information Konstanz GmbH
Fischmarkt 2
D-78462 Konstanz am Bodensee
Tel. 075 31/13 30 30
www.konstanz-tourismus.de

ADAC

ADAC Pannenhilfe aus dem Festnetz: 018 02/22 22 22 *(bundesweit 6 Cent/Anruf)*
ADAC Pannenhilfe aus dem Mobilfunknetz: 22 22 22 *(aus allen Netzen, Tarif abhängig vom Mobilfunkanbieter)*
Informationen ADAC Fahrsicherheitstraining: 018 05/12 10 12 *(14 Cent/Min.)*

www.adac.de/motorrad
www.adac.de/motorradtouren

REGISTER

REGISTER

IMPRESSUM

Autoren

Petra Balzer, Stefan Feldhoff: (Touren 1–9, 11–15)
Frank Klose, Stefan Feldhoff: (Tour 10)

Impressum

Ein ADAC Motorradführer in Zusammenarbeit mit dem Bruckmann Verlag

Projektleitung: Dr. Hans-Joachim Völse
Produktmanagement: Jens van Rooij, Claudia Hohdorf
Lektorat: Stefan Feldhoff, Feldhoff & Martin, Merxleben
Redaktionelle Mitarbeit: Susanne Dorsch
Covergestaltung: Parzhuber und Partner, München
Layout/Satz: Eva Klaffenböck, grafikatelier luk, München
Kartografie: Anneli Nau, nau-kartoGraphik, München
Repro: Cromika s.a.s., Verona; Herstellung: Thomas Fischer
Printed in Italy by Printer Trento S.r.l.
ISBN: 978-3-89905-725-6

Bildnachweis

Coverbild: Heinz E. Studt
Fotos im Innenteil: Nick Lass: 4(r+l), 8–77, 90–99 (außer siehe weitere Bilder); Petra Balzer: 78–89, 100–111, 122–185 (außer siehe weitere Bilder); Frank Klose und Nick Lass: 6(M), 112–121.
Weitere Bilder im Innenteil: 4(M), 5, 6(l+r), 78, 79(l), 85, 96, 100, 105, 110(u), 122, 123(l+M), 128, 131, 134, 137(l+r), 140(o), 146, 149, 153, 155, 158, 161, 162, 163(r+M), 167, 171, 175(l), 184, 185(u): Hans -Joachim Arndt; 7: ADAC Südbayern; 8: zywa/FOTOLIA; 9(M+r), 16, 17, 136, 166, 174: Feldhoff & Martin; 18: Bergmann/Panthermedia; 25: Schloss Amerang/Jürgen Naglik; 51(o): FokusNatur/Fotolia; 51(u): Christa Eder/Fotolia; 63: Rainer Sturm/PIXELIO; 73: Anton Funzel/PIXELIO; 76: Sigrid Christl/PIXELIO; 79(M), 84, 101(M), 108, 111, 126, 140(u), 163(r), 168, 172: Arthur Brecheisen; 83: wl.steinacker/PIXELIO; 087: simon45/PIXELIO; 99: Automobil-Club Garmisch-Partenkirchen e.V.– Oldtimergruppe; 101(l), 110: Anton Scher/PIXELIO; 105: Oliver Kurmis/Wikipedia; 106: Christian Strupp/www.FotoReport.tv; 132: Martin Ostheimer/PIXELIO; 156: Gerhard Giebener/PIXELIO; 170: Zeppelin Museum Friedrichshafen; 175(M), 179: Bregenzer Festspiele/andereart; 175(r), 181: Heinz E.Studt; 182: Renate Bregenzer/PIXELIO; 185(o): Gerhard Giebener/PIXELIO.

Zuschriften an

ADAC Verlag GmbH, 81365 München
tourbooks-motorrad@adac.de